RECLAMS STÄDTEFÜHRER

Leipzig

RECLAMS STÄDTEFÜHRER
ARCHITEKTUR UND KUNST

Leipzig

Von Annette Menting

Reclam

Durchgesehene und aktualisierte Ausgabe 2022

RECLAMS UNIVERSAL-BIBLIOTHEK Nr. 14310
2015, 2022 Philipp Reclam jun. Verlag GmbH,
Siemensstraße 32, 71254 Ditzingen
Umschlagabbildung: Die Gebäude am Augustusplatz spiegeln sich im Brunnen vor der Oper; Foto: © Christian Lorenz
Hintere Umschlagklappe: Galerie für Zeitgenössische Kunst (oben) – Punctum Fotografie GmbH, Foto: © Punctum / Alexander Schmidt; Querbahnsteig des Leipziger Hauptbahnhofs (unten) – Punctum Fotografie GmbH, Foto: © Punctum / Bertram Kober
Druck und Bindung: EsserDruck Solutions GmbH,
Untere Sonnenstraße 5, 84030 Ergolding
Printed in Germany 2022

ISBN 978-3-15-014310-0
www.reclam.de

Inhalt

Anhang

Leipzig – die Kunst- und Kulturstadt der Bürgerschaft

Leipzig ist eine Stadt, die auf eine eindrucksvolle Kunstgeschichte zurückblickt und gegenwärtig durch ein vielfältiges Kulturleben geprägt ist. Die Musikstadt etablierte sich im Barock mit Johann Sebastian Bach und in der Romantik mit Felix Mendelssohn Bartholdy und Robert Schumann. Die Stadt der Wissenschaft mit einer der ältesten deutschen Universitäten war Anziehungspunkt für Schriftsteller und Theoretiker wie Christian Fürchtegott Gellert, Johann Wolfgang Goethe, Hans Mayer und Ernst Bloch. Die Stadt der bildenden Kunst entwickelte sich seit Mitte des 18. Jahrhunderts mit Adam Friedrich Oeser und der neuen Zeichenakademie. Die Stadt des Buches wurde Leipzig durch die renommierten Verlagsgründungen in den ersten Jahrzehnten des 19. Jahrhunderts mit der Göschen'schen Verlagsbuchhandlung, der Edition Peters und dem Verlag Philipp Reclam jun.

Auf dieser Tradition basiert das heutige Kunst- und Kulturleben: mit Gewandhausorchester und Thomanerchor, mit hochrangigen Festivals für zeitgenössische Formen von Musik, Theater, Tanz und Film, mit Kunst der Gegenwart im Museum der bildenden Künste und der Galerie für Zeitgenössische Kunst, mit Autoren verschiedener Generationen und dem Lesefestival »Leipzig liest« sowie Verlagen, die sich auf der Buchmesse im Frühjahr präsentieren. Die Kultur der kritischen Reflexion, die Tradition der selbstbewussten Bürgerstadt und des weltoffenen Handelsortes führten zu den Montagsdemonstrationen und machten Leipzig zur Stadt der Friedlichen Revolution und damit zu einem zentralen Ort in der jüngeren deutschen Geschichte.

Während die Kunstwerke der vergangenen Epochen nach wie vor präsent sind, sucht man die Zeugnisse ihres räumlichen Entstehungskontextes in Leipzig meist vergebens. Die kleinteilige Stadtstruktur der Renaissance und des bürgerlichen Barocks wurde Ende des 19. Jahrhunderts zugunsten eines Ausbaus der stark prosperierenden Messestadt mit neuen Messepalästen, Geschäftshäusern und Banken aufgegeben. Im aufstrebenden Leipzig entwickelte sich ein neues Stadtbild, das durch besonderen Repräsentationsanspruch geprägt war und daher kaum Rücksicht auf den historischen Bestand nahm. Dennoch hatte die Tradition in der Bürgerstadt eine besondere Bedeutung. So erinnert der Turm des Neuen Rathauses an die mittelalterliche Pleißenburg, die kurz zuvor abgebrochen worden war. Die Faust-Figuren in der Mädler-Passage erinnern an die Besuche Goethes in Auerbachs Keller. Der erste Saal des Gewandhausorchesters im Tuchmacherhaus wurde zugunsten des neuen Messehauses Städtisches Kaufhaus aufgegeben, in dem heute noch eine Plakette auf den historischen Spielort verweist. Der Leipziger Stadtumbau der Gründerzeit zeigt somit ein bemerkenswertes Doppelphänomen in seiner entschiedenen Offenheit gegenüber veränderten Lebensansprüchen einer wachsenden Großstadt sowie seinem gleichzeitigen Festhalten an der Tradition. Die neu errichteten Bauten sind von der Monumentalität und der Stilpluralität des Historismus bestimmt und charakterisieren das Stadtbild bis heute, wie das Neue Rathaus von Hugo Licht, der Kopfbahnhof von William Lossow und Max Hans Kühne und das Reichsgerichtsgebäude von Ludwig Hoffmann und Peter Dybwad. Mit dem Völkerschlachtdenkmal von Bruno Schmitz erhielt die Reihe der über die regionalen Grenzen hinauswirkenden Monumente einen besonderen Akzent. Die bürgerlich-repräsentativen Wohnquartiere prägen die Vorstädte als großflächige Ensembles des Historismus.

Nach der politischen Wende 1989 kam der Gründerzeit erneut besondere Aufmerksamkeit zu und sie wurde zur identitätsstiftenden Epoche für die Stadtentwicklung deklariert. Eines der augenscheinlichsten Argumente für die Fokussierung auf diese Architektur war ihre dramatische Bedrohung durch Zerfall, denn jahrzehntelang war der historische Bestand vernachlässigt worden, da der Neubau sozialistischer Wohnquartiere an den Rändern der Stadt Vorrang hatte. Eine kritische Revision des unzureichenden Umgangs mit dem Altbaubestand wurde bereits seit den frühen achtziger Jahren auf fachlicher Ebene thematisiert. Nach den Montagsdemonstrationen am 9. Oktober 1989 wagte das DDR-Fernsehen angesichts der desolaten Situation erstmals die kritische Fragestellung: »Ist Leipzig noch zu retten?« Die Antwort des amtierenden Chefarchitekten Dietmar Fischer lautete, dass entgegen der bis dahin gültigen politischen Maßgabe nur noch das neu zu bauen sei, was nicht erhalten werden könne, denn die Identität beziehe Leipzig eindeutig aus der historischen Substanz. Auf dieser Basis wurde der Bestandserhalt nach der politischen Wende zur planerischen Leitlinie. Der gründerzeitliche Städtebau in Leipzig entsprach außerdem der Vorstellung von einer »Europäischen Stadt«. Der Stilpluralismus des Historismus wurde gelegentlich angeführt, um eine Stadtreparatur zu legitimieren, die sich unterschiedlich stark interpretierend an Vorgängerbauten anlehnte. Dies geschah etwa beim Neubau der Marktgalerie oder des Katharinums. Allerdings rekonstruierte man in Leipzig weder Schlösser noch Kirchen wie andernorts. Lediglich beim Neubau der Universität am Augustusplatz kam es zu einem entsprechenden Diskurs, da das neue Paulinum eine besondere Erinnerungsfunktion für die 1968 willkürlich gesprengte Paulinerkirche hat. Im Ergebnis ist ein Neubau entstanden, der mit seiner Platzfassade und Innenraumgestalt die frühere Kirche zitiert, anstatt sie zu rekonstruieren. Dennoch dominiert diese Geste der Erinnerung den neuen Universitätsbau. Eine auf die Fassade und das Erscheinungsbild konzentrierte Gestaltung findet sich auch bei manchem sanierten Bau im Stadtzentrum, hinter dessen historischer Hülle neue Geschäfts- und Bürohäuser errichtet wurden.

Einen großen Teil der gründerzeitlichen Stadterweiterung machten die Industrie- und Arbeiterquartiere wie Lindenau und Plagwitz aus, die nach 1989 einen erheblichen Wandel durch die Abwicklung der Betriebe erfuhren. Der nunmehr leerstehende Bestand konnte bewahrt werden, da die Potenziale der großflächigen Fabrikhallen entdeckt und partiell neu genutzt wurden. Es etablierte sich mit vielen Kunst- und Kultur-Initiativen eine »Westkultur« als neue Perspektive für die Quartiere. Gilt Leipzig seit mehreren Jahren als *Creative City*, so ist dies durch die unkonventionellen Konzepte der Kreativwirtschaft von der Baumwollspinnerei bis zur Schaubühne Lindenfels maßgeblich begründet. Hier entstanden außerhalb des bürgerlichen Zentrums neue Orte der zeitgenössischen Kunst mit Galerien, Ateliers sowie Film-, Theater-, Lese- und Tanz-Festivals. Eine andere Art der Transformation erfuhren die Industrie- und Infrastrukturbrachen durch die Gestaltung zu neuen urbanen Landschaftsräumen. Für das Areal des stillgelegten Eilenburger Bahnhofs konzipierte Gabriele Kiefer den Lene-Voigt-Park, und auf Stadtbrachen entwickelten Cornelia Müller und Jan Wehberg den Stadtteilpark Plagwitz und das Rabet im Ostteil der Stadt. So ist Leipzig über den Promenadenring mit seiner bürgerlichen Gartenbaukunst und die Parks des 19. Jahrhunderts hinaus zu einem Ort ausgezeichneter zeitgenössischer Landschaftsarchitektur geworden.

Ideell bot die Gründerzeit einen wichtigen Anknüpfungspunkt als wirtschaftspolitisch erfolgreiche Epoche der Stadt mit ihrer Entwicklung zu einer der fünf führenden Großstädte Deutschlands um 1900. Der Titel »Boomtown Ostdeutschlands« für das Leipzig der neunziger Jahre vermittelt den Eindruck einer historischen Kontinuität, und um diesen Prozess zu fördern, wurde das Motto einer »Neuen Leipziger Gründerzeit« geprägt. Parallel zum

Rückbau alter Industriezweige erfolgte der Aufbau neuer Institutionen und Unternehmen, welche im Norden der Stadt, außerhalb der alten Stadtgrenzen, durch markante Bauten sichtbar werden: Die Neue Messe mit ihrer eindrucksvollen Glashalle und das Kundenzentrum des neuen Porsche-Werks jeweils von den Architekten Gerkan, Marg und Partner, die Hauptverwaltung der Verbundnetzgas AG von Becker, Gewers, Kühn und Kühn und das BMW-Zentralgebäude von Zaha Hadid sind ausgezeichnete Beispiele moderner Architektur.

Ein markanter zeitgenössischer Akzent wurde im Stadtzentrum mit dem Museum der bildenden Künste von Hufnagel, Pütz und Raffaelian gesetzt. Das Museum abstrahiert die Kultur der Passagen und Höfe und übersetzt sie in ein großzügiges Raumkonzept. Auch in angrenzenden Stadtquartieren des Zentrums findet sich eine Architektur, die ohne vordergründige Traditionsbezüge den Dialog von Alt und Neu sucht. So wurde die Herfurth'sche Villa von Peter Kulka zur Galerie für Zeitgenössische Kunst umgebaut und später von AS-IF Architekten mit einem Pavillon ergänzt. Das gläserne KPMG-Gebäude an der Münzgasse von Schneider und Schumacher fügt sich eigenständig in den Block und korrespondiert spannungsvoll mit der Nachbarbebauung. Nachdem in den letzten Jahren zahlreiche Zeugnisse der Nachkriegsmoderne zugunsten einer kritischen Rekonstruktion aus dem Stadtbild verschwunden sind, gilt die Aufmerksamkeit inzwischen nicht nur den Bauten der »Nationalen Tradition«, wie dem hervorragenden Opernhaus und dem Schauspielhaus, sondern auch den Bauten der DDR-Moderne wie dem Universitätshochhaus, der Hauptpost und dem Gewandhaus am Augustusplatz sowie dem Bowlingtreff am Leuschner-Platz. Sie gehören zur vielfältigen und spannungsvollen Leipziger Stadtkultur.

Leipzig – 1000 Jahre Stadtgeschichte

Im Bereich des Leipziger Stadtzentrums wurden Spuren von frühen Siedlungen aus dem 7. bis 9. Jahrhundert gefunden, und zwar unweit des damaligen Zusammenflusses von Elster und Parthe. Die slawischen Siedler nannten den Ort *Lipzi*, abgeleitet aus dem sorbischen *Lipa* für ›Linde‹, ›Ort bei den Linden‹. Im Rahmen der Ostexpansion von König Heinrich I. wurde das Gebiet im 10. Jahrhundert in das fränkische Burgwardsystem einbezogen und zur *urbs* ausgebaut. Die früheste schriftliche Erwähnung der Burg Leipzig findet sich in der Chronik des Bischofs Thietmar von Merseburg, in der Sterbeort und -datum des Meißener Bischofs Eidos I. mit *urbs Lipzi* 1015 angegeben sind. 2015 beging die Stadt somit ihr 1000-jähriges Jubiläum.

Vom Meißener Markgrafen Otto dem Reichen erhielt Leipzig 1165 den Stadtbrief und hatte fortan das Stadtrecht und das Marktprivileg. Die Bedeutung der Handelsstadt wurde gestärkt durch die Kreuzung der mittelalterlichen Reichsstraßen *Via imperii* und *Via regia* innerhalb ihrer Stadtgrenzen. Leipzig ist, anders als Residenz- oder Bischofsstädte, wesentlich durch die Leipziger Bürgerschaft geprägt, dementsprechend wurde 1165 die Pfarrkirche St. Nikolai dem Schutzpatron der Kaufleute geweiht. Wenige Jahrzehnte später erfolgten 1212 die Gründung des Augustiner-Chorherrenstifts St. Thomas durch den Markgrafen Dietrich und der Umbau des bestehenden romanischen Vorgängerbaus aus dem 12. Jahrhundert zur Stiftskirche. Im Kloster wurde zugleich ein Chor gegründet, der als Thomanerchor heute einer der ältesten und renommiertesten europäischen Knabenchöre ist. Um 1216 entstand auf dem Areal der späteren Pleißenburg eine markgräfliche Schlossburg, an die sich im 13. Jahrhundert ein Verteidigungsring anschloss und die Grenzen der Stadt bis ins 19. Jahrhundert definierte.

Die Alma Mater Lipsiensis wurde 1409 gegründet, als die Stadt den von der Prager Universität kommenden Dozenten und Studenten einen Sitz in Leipzig anbot. Die Universität Leipzig ist somit eine der ältesten deutschen Universitäten. Sie erhielt im Laufe der Zeit mehrere einzelne Kollegiengebäude, bis ihr 130 Jahre später die Stadt das säkularisierte Kloster St. Pauli überließ, durch das sie einen prägnanten Sitz im Stadtzentrum erhielt. Leipzigs Reichtum resultierte im späten 15. Jahrhundert nicht nur aus dem Handel, sondern auch aus der Beteiligung am Silberbergbau im Erzgebirge. In dieser Zeit gestalteten die Leipziger ihre vier Stadtkirchen neu. Das Hauptschiff der Thomaskirche wurde 1482 als Hallenkirche neu erbaut, und im Sinne der Spätgotik statteten Baumeister 1485 die Paulinerkirche, 1488 die Matthäikirche und 1513 die Nikolaikirche aus. Maximilian I. erteilte Leipzig 1497 beim Reichstag zu Worms das kaiserliche Privileg der Reichsmesse und das Stapelrecht. Das bedeutete, dass im Umkreis von 15 Meilen (rund 112 km) keine die Stadt schädigenden Märkte abgehalten und keine Warenlager eingerichtet werden durften. In der erfolgreichen Handelsstadt intensivierte sich die Bautätigkeit, und es entstanden repräsentative Renaissancebauten der Bürgerschaft. 1512 nahm mit der Nikolaischule die erste städtische Schule am Nikolaikirchhof den Lehrbetrieb auf, zu deren Schülern später Gottfried Wilhelm Leibniz, Johann Gottfried Seume und Richard Wagner gehörten.

Einen wichtigen Einschnitt für die Stadt bedeutete die Reformation. Zwei Jahre nach der Veröffentlichung von Luthers Thesen 1517 wurde die Pleißenburg zum Ort der Leipziger Disputation zwischen dem katholischen Theologen Johannes Eck und den führenden Vertretern der reformatorischen Bewegung, Martin Luther, Andreas Karlstadt und Philipp Melanchthon. Erst nach dem Tod des Herzogs

Georg von Sachsen, der ein entschiedener Reformationsgegner war, wurde unter Herzog Heinrich dem Frommen die Reformation in Sachsen 1539 eingeführt, und Luther hielt zu diesem Anlass die Pfingstpredigt in der Thomaskirche. Nach Ende des Schmalkaldischen Kriegs – des ersten Konfessionskriegs 1546/47 – ernannte Herzog Moritz den Leipziger Ratsherrn Hieronymus Lotter 1549 zum kurfürstlichen Baumeister und beauftragte ihn, die kriegszerstörte Burg durch den Neubau eines dreieckigen Wasserschlosses, der Pleißenburg, zu ersetzen und die Verteidigungsanlagen mit Basteien auszustatten. Die Moritzbastei ist heute das einzig erhaltene Zeugnis dieser Anlage. Hieronymus Lotter beaufsichtigte auch 1556 den Bau des Alten Rathauses und der Alten Waage am Markt, die im Stil der deutschen Renaissance entstanden.

Nach dem Dreißigjährigen Krieg prosperierte die Stadt allmählich, und um 1700 entstanden im Sinne des bürgerlichen Barocks repräsentative Handels- und Kaufmannshöfe. Die Handelsbörse am Naschmarkt war 1687 einer der ersten Leipziger Bauten dieser Epoche. 1703 errichtete Johann Gregor Fuchs das Romanushaus als Auftakt für den Ausbau der Katharinenstraße zur barocken Prachtstraße. Es folgten die Bauten der Barockbaumeister Christian Döring, George Werner und Friedrich Seltendorff. August der Starke ließ Johann Christoph Naumann 1707 einen Lustgarten mit Palais im Rosental konzipieren. Für die Umsetzung des Entwurfs wurden 13 Schneisen und die Große Wiese angelegt, doch die Finanzierung des Palais durch die Leipziger Bürger verzögerte sich, bis das feudale Projekt schließlich eingestellt wurde. Als Residenz nutzte der Kurfürst während seiner gelegentlichen Leipzig-Aufenthalte das barocke Stadtpalais des Kaufmanns Andreas Dietrich Apel am Markt, das Fuchs 1707 gestaltet hatte. 1756 wurde das Gohliser Schlösschen fertiggestellt, das nicht etwa einem Adeligen gehörte, sondern das Sommerpalais des Kaufmanns und Ratsherrn Johann Caspar Richter war.

Der Kunsthistoriker Nikolaus Pevsner widmete dem Barock seiner Geburtsstadt 1924 erstmalig eine Gesamtdarstellung.

Leipzig entwickelte sich in dieser Epoche zur bedeutenden Musikstadt. Einflussreich wirkte der Thomaskantor und *Director musices* Johann Sebastian Bach, der von 1723 bis zu seinem Tod 1750 das Musikleben der Stadt prägte. Er wohnte mit seiner Familie in der seinerzeit an die Thomaskirche angrenzenden Thomasschule. Zu Gast war er regelmäßig bei Georg Heinrich Bose, dessen Wohnhaus am Thomaskirchhof heute Bach-Archiv und Museum ist und an den Komponisten erinnert. In Leipzig komponierte Bach die *Johannespassion* und *Matthäuspassion*, das *Weihnachtsoratorium* und die *h-Moll-Messe*. Die ihm angemessene Ehrerbietung fand der Komponist und Musiker allerdings erst über achtzig Jahre nach seinem Tod: Felix Mendelssohn Bartholdy, der ab 1835 Gewandhauskapellmeister war, erkannte die Bedeutung Bachs, führte dessen Werke auf und machte sie damit nicht nur einer breiten Hörerschaft wieder zugänglich, sondern gab auch einen wichtigen Impuls für ihre Publizität.

Der besonderen Bedeutung von Illusion und Inszenierung im Barock entsprach die Einrichtung des ersten bürgerlichen Musiktheaters 1693 am Brühl, es war nach Venedig und Hamburg das dritte dieser Art in Europa. Drei Jahrzehnte später gründete Caroline Neuber 1727 unweit davon die Neuber'sche Komödiantengesellschaft und erhielt das sächsische Hofprivileg, in Leipzig ein Theater im Haus Großer Blumenberg am Brühl zu führen. Mit ihrem Ensemble etablierte sie das Theater als eine bürgerliche Institution im Unterschied zum höfischen Unterhaltungstheater oder zur populären Hanswurstkomödie und trug damit zur Theaterreform des deutschen Schauspiels bei. Mit literarischer Freiheit gegenüber der Person Neubers setzte Johann Wolfgang Goethe ihr ein Denkmal in den Figuren Direktrice Madame de Retti und Madame Melina

Bach-Denkmal am Thomaskirchhof

seines Theaterromans *Wilhelm Meisters theatralische Sendung*. 1760 wurde ein Theaterneubau am Brühl errichtet und nach Umbauten 1817 als »Theater der Stadt Leipzig« geführt. Mitte des 18. Jahrhunderts war die Bürgerstadt ein wichtiger Ort für Schriftsteller und Theoretiker der Aufklärung. So prägte Johann Christoph Gottsched das literarische Leben, er veröffentlichte seine Sammlungen von Theaterstücken und beeinflusste mit seiner Dramentheorie maßgeblich die Entstehung des klassischen deutschen Dramas. Seit 1734 wirkte Christian Fürchtegott Gellert in der Stadt, der die Fabel als literarische Form entwickelte. Gottsched und Gellert lehrten an der Universität Leipzig, an der Friedrich Gottlieb Klopstock und Gotthold Ephraim Lessing 1746–48 Theologie und Philologie studierten. Wenige Jahre später kam 1765 Johann Wolfgang Goethe zum Studium der Rechtswissenschaften nach Leipzig, doch bald schon bevorzugte er den Besuch der Poetikvorlesungen von Gellert. Adam Friedrich Oeser unterrichtete ihn an der 1764 gegründeten Zeichnungs-, Malerey- und Architectur-Academie. Goethe erwies der Stadt Leipzig besondere Reverenz, indem er eine *Faust*-Szene in Auerbachs Keller spielen ließ, den er während seines dreijährigen Leipzig-Aufenthalts öfter besucht hatte. Hier äußert einer der vier lustigen Gesellen angesichts der vermeintlichen Menschen- und Weltkenntnis seiner Trinkbrüder: »Mein Leipzig lob' ich mir! Es ist ein klein Paris und bildet seine Leute.« Aus dem Kontext genommen, erscheint dies als reine Hommage an die Stadt, allerdings spricht hier der angetrunkene Frosch und tauscht in dieser Szene lediglich süffisant-ironische Kommentare mit seinen Gesellen aus.

1743 bildete die Reihe des »Großen Concerts« den Auftakt zu den späteren Gewandhauskonzerten. Knapp vier Jahrzehnte später entstand 1781 ein prächtiger Saal im ehemaligen Handelshaus der Tuchmacher, dem Gewandhaus, nach dem die Konzerte nunmehr benannt wurden. Johann Carl Friedrich Dauthe, ein Baumeister des Klassizismus, gestaltete den Saal, und Adam Friedrich Oeser malte ihn aus. Seit 1835 gab Felix Mendelssohn Bartholdy als Gewandhauskapellmeister Konzerte und behielt dieses Amt bis zu seinem Tod im November 1847. Er reformierte mit dem Gewandhausorchester das europäische Konzertleben und machte Leipzig zu einem der deutschen Musikzentren der Romantik. In den Räumen des Gewandhauses begründete er 1843 das Leipziger Conservatorium der Musik, eine der ersten Musikhochschulen in Deutschland. Mendelssohn Bartholdy wohnte mit seiner Familie in einem 1844 errichteten klassizistischen Bau, in dem seit 1997 das Mendelssohn-Museum eingerichtet ist. Zu den Dozenten des Conservatoriums gehörte auch Robert Schumann, der 1828 nach Leipzig gekommen war, um Rechtswissenschaften zu studieren. Bald schon wandte er sich ganz der Musik zu, nahm bei Friedrich Wieck Klavierunterricht und lernte dessen Tochter, Schumanns spätere Frau, die erfolgreiche Pianistin Clara Wieck kennen. In den Jahren 1840 bis 1844 wohnte das Paar in einem klassizistischen Haus in der Ostvorstadt.

Eine Erweiterung der Leipziger Stadtgrenzen hatte bereits Bürgermeister Romanus um 1702 mit der Trockenlegung von Stadtgräben und der Bepflanzung von Wällen mit Lindenbaumalleen veranlasst. Nachdem die Stadt im Siebenjährigen Krieg (1756–63) ihre fortifikatorische Bedeutung verloren hatte, wurden auch die Stadtbefestigungen beseitigt, und der sukzessive Ausbau des Promenadenrings mit Parks und Grünzügen erfolgte nach dem Entwurf von Johann Carl Friedrich Dauthe 1785 bis 1800. Nun begann der Ausbau der dicht besiedelten Stadt über ihre alten Grenzen hinaus. Die ehemals an der Stadtmauer gelegenen Bauten erhielten auch zur Seite des Promenadenrings neue Repräsentationsfassaden wie die Paulinerkirche 1838 durch Albert Geutebrück und die Thomaskirche 1889 durch Constantin Lipsius. Der Augustusplatz wurde angelegt und mit klassizistischen Gebäuden bebaut, etwa mit dem Augusteum der Universität 1836 von Albert Geutebrück unter Mitwirkung von Karl Friedrich Schinkel. Carl Ferdinand Langhans errichtete 1868 ein zweites Theaterhaus als Neues Theater am Augustusplatz. 1858 entstand das Bildermuseum nach dem Entwurf von Ludwig Lange, das die Sammlung des von Leipziger Bürgern 1837 gegründeten Kunstvereins zeigte.

Um 1800 nahm der Buchhandel in Leipzig durch mehrere Verlagsgründungen deutlich zu. Aus dem Bureau de Musique ging 1800 der Verlag von Carl Friedrich Peters mit der späteren Edition Peters hervor. Der Musikverlag Breitkopf & Härtel existierte bereits seit 1719 und verlegte ab 1756 Werke fast aller namhaften Komponisten des deutschsprachigen Raums wie Bach und Haydn, Mozart und Beethoven, Mendelssohn Bartholdy, Schumann und Brahms. Die Verlagsbuchhandlung von Georg Joachim Göschen publizierte seit 1785 Werke der deutschen Klassiker wie Lessing, Klopstock, Goethe und Schiller. 1818 wählte Friedrich Anton Brockhaus Leipzig als Sitz seines Verlages und gab sein Konversations-Lexikon heraus, das später als *Brockhaus Enzyklopädie* erschien. 1828 kaufte der junge Anton Philipp Reclam mit geborgtem Geld seines Vaters eine Leihbibliothek in Leipzig und gründete den Verlag des Literarischen Museums, den er 1837 in Philipp Reclam jun. umbenannte. 1867, als ein neues Urheberrecht in Kraft trat und Goethes Werke gemeinfrei wurden, gründete er die bis heute fortgeführte Universal-Bibliothek mit Goethes *Faust* als erstem Band. 1874 verlegte Herrmann Julius Meyer den Sitz seines Bibliographischen Instituts nach Leipzig, errichtete ein großes Verlagshaus in der Ostvorstadt und gab hier sein Konversations-Lexikon heraus.

Mit der Eröffnung der ersten deutschen Fernbahnstrecke Leipzig–Dresden 1839 verbesserte sich die Anbindung der Handelsstadt erheblich. Die Initiative zur Schaffung eines deutschen Eisenbahnnetzes, die von dem Ökonomen

Friedrich List und von dem Leipziger Unternehmer Gustav Hartkort ausging, machte die Stadt zum wichtigsten Verkehrsknotenpunkt in Mitteldeutschland. In den darauffolgenden drei Jahrzehnten entstanden der Dresdener, der Magdeburger und der Thüringer Bahnhof nördlich des Stadtzentrums, der Bayrische Bahnhof im Süden und der Eilenburger Bahnhof im Osten der Stadt. In den Jahren 1909 bis 1915 wurden die drei nördlichen Bahnhöfe durch den Neubau des Hauptbahnhofes von William Lossow und Max Hans Kühne ersetzt. Der repräsentative Doppelbahnhof, der von den Königlich Preußischen Staatseisenbahnen und von den Königlich Sächsischen Staatseisenbahnen betrieben wurde, ist einer der größten europäischen Kopfbahnhöfe.

Mit der Industrialisierung entwickelten sich die Leipziger Vorstädte um 1850. Westlich des Elsterflutbeckens in den Dörfern Plagwitz und Lindenau siedelten sich Fabriken an. Der Leipziger Unternehmer Karl Heine erwarb hier Grundbesitz und konzipierte mit dem Bau der Plagwitzer Straße die Anbindung der neuen Industrie- und dazugehörigen Wohnviertel an die Stadt. Wenig später begann der Bau des Elster und Saale verbindenden Kanals, der heute den Namen seines Initiators Karl Heine trägt. Dieser bezog 1874 seine eigene Villa im westlichen Schleußig, und an der nahgelegenen Klinger-Brücke wurde ihm zu Ehren 1897 ein Bronzestandbild von Carl Seffner aufgestellt. Im letzten Drittel des 19. Jahrhunderts erfolgte die Stadterweiterung in Richtung Süden bis Connewitz und in Richtung Norden bis Gohlis, wo großstädtische Gründerzeitviertel mit bürgerlichen Wohnbauten entstanden. In den westlichen und östlichen Arbeiterwohnquartieren boten ab 1888 bemerkenswerte Reformwohnbauten, die Meyer'schen Häuser, geringer verdienenden Bürgern kostengünstigen Wohnraum. Namensgeber war der Verleger Herrmann Julius Meyer, der sich der Lösung sozialer Probleme in Leipzig widmete und die »Stiftung zur Beschaffung billigen Wohnraums in Leipzig« gegründet hatte. Sozialverträgliche Mieten wurden möglich, weil die Bauherrin auf den üblichen Investorengewinn verzichtete. Vier große Wohnkarrees ließ Meyer in Lindenau, Kleinzschocher, Eutritzsch und Reudnitz nach dem Entwurf von Max Pommer errichten.

Entlang der Weißen Elster boten neue Parks Erholung, da sich eine Bebauung wegen des feuchten Grundes nicht anbot. So entwarf Peter Joseph Lenné 1858 den Johannapark im Auftrag des Bankiers Wilhelm Seyfferth, der die Grünanlage nach seiner früh verstorbenen Tochter benannte und den Park nach seinem Tod 1881 der Stadt überließ. Auch die Anlage der Pferderennbahn im Scheibenholz, in einem Teil des zur Bebauung nicht geeigneten Auwaldes, erfreute ab 1867 die Leipziger. Als Ausgleich für die Verdichtung in den neuen städtischen Wohnquartieren entstanden um 1870 die ersten Leipziger Laubenkolonien. Der Reformpädagoge Ernst Innozenz Hauschild hatte 1864 einen kindgerechten Turn- und Spielplatz angelegt und den Platz nach dem Leipziger Arzt Moritz Schreber benannt. Der Schreberplatz wurde durch Gärten für Kinder und später durch Familiengärten erweitert. Die Idee war so erfolgreich, dass weitere ausgedehnte Kleingärten von Schrebervereinen angelegt und gepflegt wurden. Bald eiferten dem viele Bürger in anderen deutschen Großstädten nach.

Um 1870 war Leipzig mit einer Größe von 100 000 Einwohnern zur Großstadt angewachsen. Im historischen Stadtzentrum und in den Vorstädten wurde in den folgenden vier Jahrzehnten intensiv gebaut. Der Stadtbaurat Hugo Licht entwarf in seiner knapp dreißigjährigen Amtszeit von 1879 bis 1906 wichtige, repräsentative Bauten im beherrschenden Stil der Gründerzeit, etwa die Erweiterung des Bildermuseums am Augustusplatz 1886, das Konservatorium im Musikviertel 1887 und das erste Grassimuseum für Kunstgewerbe und Völkerkunde 1895 (heute Stadtbibliothek). Besonders markant sind sein Bau des Neuen Rathauses 1905 sowie die Ergänzung durch das Stadthaus 1912. Südlich des Rings entstanden im Musikviertel das Neue Gewandhaus 1884 von Martin Gropius und Heino Schmieden, die Kunstakademie 1890 von Warth, Wanckel und Nauck, die Universitätsbibliothek Bibliotheca Albertina 1891 von Arwed Roßbach und das Reichsgerichtsgebäude 1895 von Ludwig Hoffmann und Peter Dybwad. Am Augustusplatz erfolgte der Neu- und Umbau der Universität 1897 von Arwed Roßbach. 1900 wurde der Zoologische Garten erweitert, den der Gastwirt Ernst Pinkert als Pfaffendorfer Tierpark nördlich des Rings zwanzig Jahre zuvor eröffnet hatte.

Im Herbst 1895 führte Leipzig die Mustermesse ein, wo Kaufleute nicht mehr mit ihren Waren handelten, sondern ihre Warenmuster nach dem Vorbild der Weltausstellungen präsentierten. Diese neue Entwicklung verlangte, das Stadtzentrum erheblich umzubauen, um rund 30 große Messepaläste und -häuser mit Passagen an die Stelle der früheren Handelshöfe treten zu lassen. Einer der ersten Messepaläste war das Städtische Kaufhaus, dem das Tuchmacherhaus mit dem Gewandhaussaal weichen musste. Im historischen Stadtzentrum entstanden in der Folge neue Banken, Hotels, Kaufhäuser und Versicherungen. Die kleinteilige Struktur aus der Renaissance- und Barockzeit wich den großstädtischen Repräsentationsbauten, so dass sich in wenigen Jahrzehnten ein erheblich verändertes Stadtbild entwickelte. Nach dem umfassenden Stadtausbau gehörte Leipzig um 1905 mit über 500 000 Einwohnern zu den fünf größten Städten des Wilhelminischen Kaiserreichs.

Die neu angelegte Achse vom Neuen Rathaus bis zum Völkerschlachtdenkmal bereitete die südöstliche Stadterweiterung vor. Zum 100-jährigen Jubiläum der Völkerschlacht weihten die Stadtväter am 18. 10. 1913 das Nationaldenkmal an der Stelle ein, an der die heftigsten Kämpfe der verbündeten Heere Österreichs, Preußens, des Russischen Reichs und Schwedens gegen das französische Besatzungsheer Napoleons ausgetragen worden waren. Das Denkmal erzielt seine monumentale Wirkung nicht nur durch seine Höhe von 91 Metern, sondern auch dank der inszenatorisch-ausdrucksstarken Gestaltung von Bruno Schmitz, Christian Behrens und Franz Metzner. An der Süd-Ost-Achse weihte 1913 die russische Gemeinde die St.-Alexi-Gedächtniskirche ein, und ein Jahr später begann der Bau der Deutschen Bücherei am Deutschen Platz. Anlässlich des historischen Jubiläums veranstaltete Leipzig 1913 eine Internationale Baufachausstellung zu Städte- und Wohnungsbau, auf deren Areal sich seit 1920 die Technische Messe etablierte.

In den frühen zwanziger Jahren beherrschte zunächst eine gediegene, traditionelle Haltung die baulichen Aktivitäten. Als Hubert Ritter 1924 das Amt des Stadtbaurats übernahm, vermittelte er umsichtig den Übergang vom traditionellen Bauen zur Moderne, wie die Entwicklung seiner Wohnanlagen von der Roten Front in Mockau bis zum Rundling in Lößnig zeigen. Er konzipierte öffentliche Bauten wie das Neue Grassimuseum für Kunstgewerbe, Musikinstrumente und Völkerkunde am Johannisplatz gemeinsam mit Voigt und Zweck, das 1927 als Ersatz für das drei Jahrzehnte zuvor errichtete erste Grassimuseum eröffnet wurde. Er baute mit der Max-Klinger-Schule 1929 eine Reformschule und errichtete gemeinsam mit Franz Dischinger die imposante Großmarkthalle 1930. Darüber hinaus verfasste er den Generalbebauungsplan, der den modernen Ausbau des Stadtrings vorsah, um eine weitere Überformung des historischen Zentrums zu vermeiden. Ende der zwanziger Jahre wuchs das erste Leipziger Hochhaus 1928 für den Bankier Hans Kroch am Augustusplatz in die Höhe. Der Entwurf von German Bestelmeyer orientiert sich an dem venezianischen Torre dell' Orologio aus der Renaissancezeit und zeigt sich als Repräsentationsbau deutlich reserviert gegenüber einer modernen Gestaltung. Im Kontrast dazu erscheint die neue Großwohnsiedlung, die derselbe Bauherr Hans Kroch im nördlichen Gohlis von den Berliner Architekten Mebes und Emmerich 1930 errichten ließ, in ihrer modernen Konzeption bemerkenswert.

Die nationalsozialistische Diktatur führte zu Verlusten auf allen gesellschaftlichen Ebenen. Mehr als 13 000 jüdische Bürger Leipzigs wurden verfolgt, mussten fliehen oder wurden ermordet. Der Bankier Hans Kroch, der Musiker Bruno Walter, der Rauchwarenhändler Chaim Eitingon und der Verleger Henri Hinrichsen erlitten Bedrohung und Verfolgung. In der Pogromnacht wurden nahezu alle Leipziger Synagogen zerstört, lediglich die Brodyer Synagoge blieb als eine der insgesamt dreizehn Synagogen erhalten, da sie sich innerhalb eines Wohnhauses in der Keilstraße befindet. 1855 war die erste jüdische Gemeindesynagoge von Otto Simonson in der Gottschedstraße eingeweiht worden; nach ihrer Zerstörung 1938 war der Ort eine Brache und später Parkplatz, bis die Stadt 2001 an dieser Stelle das Synagogen-Denkmal nach dem Entwurf von Anna Dilengite und Sebastian Helm ausführte. Neubauten entstanden während der nationalsozialistischen Herrschaft in Leipzig kaum. Das Wagner-Denkmal, das 1933 zum 120. Geburtstag des Komponisten in seiner Geburtsstadt platziert werden sollte, ist heute ein fragmentarischer Hain am Elsterflutbecken. Der Wagner-Anhänger Hitler hatte das zuvor bereits projektierte Denkmal an sich gezogen, zum Nationaldenkmal erklärt und den Entwurf von Emil Hipp pathetisch ausbauen lassen. Allerdings gelangten die Monumentalskulpturen im Krieg nicht nach Leipzig, und nach 1945 lehnte die Stadtverwaltung sie ab.

Auf den Frankfurter Wiesen, nahe am Elsterflutbecken, hatte Werner March 1939 ein Sportforum geplant, das nicht über das Entwurfsstadium hinausgekommen war. Ende der vierziger Jahre setzte die Stadtgestaltung hier an, übernahm bemerkenswerterweise das Grundkonzept und errichtete aus Trümmerschutt die Wälle für den Bau, der 1956 als »Stadion der Hunderttausend« nach dem Entwurf von Karl Souradny eröffnet wurde. Mit der Einweihung der Deutschen Hochschule für Körperkultur 1957 etablierte sich Leipzig als Sportstadt der DDR. Nach der Enttrümmerung des zerstörten Stadtzentrums entwarf Walter Beyer 1949 einen Plan, der die Bewahrung des Bestands und den Wiederaufbau der historischen Stadt vorsah. So wurde kurz nach Kriegsende das teilzerstörte Alte Rathaus am Markt als Wahrzeichen der Stadt wiederaufgebaut. 1950 entstand der erste Messeneubau »Messehof« von Eberhard Werner auf einer Kriegsbrache in der Petersstraße. Erste Arbeiterwohnpaläste wurden entsprechend der in der jungen DDR verordneten Architektur der »Nationalen Tradition« errichtet, wie die Wohnanlage an der Jahnallee 1951, die repräsentative Ringbebauung am Roßplatz 1956 und die Wohnanlage an der Windmühlenstraße 1954. In historistischer Architektursprache entstanden auch die beiden im Krieg zerstörten Theaterbauten neoklassizistisch neu. Während Kunz Nierade das eindrucksvolle Opernhaus 1960 am tradierten Standort des Neuen Theaters errichten konnte, konzipierte Karl Souradny das neue Schauspielhaus 1956 auf den Fundamenten des zerstörten Operettenhauses in der Gottschedstraße.

Mit dem Ende der Stalin-Ära erfolgte ein gesellschaftlich-kultureller Wandel, der sich auch in der Stadtgestaltung auswirkte. Ein neuer Bebauungsplan verfolgte das Ziel, Leipzig 1965 zur 800-Jahr-Feier (Jubiläum bezogen auf die Verleihung des Stadtrechts vor 800 Jahren) im Sinne der sozialistischen Stadt neu zu gestalten. So wurden am Markt das neue Messehaus 1963 und das Messeamt 1965 errichtet. Besondere Aufmerksamkeit verdient der Bau der Alten Waage 1965, da er die rekonstruierte Marktfassade mit einem modernen Baukörper spannungsvoll kombiniert. Dem standen in den sechziger Jahren Abbrüche von zwar beschädigtem, jedoch noch zu rettendem, wertvollem Bestand gegenüber wie dem barocken Deutrichs Hof und dem Hôtel de Saxe. Auch die nach dem Krieg gesicherten Bauten wie das Bildermuseum, das Gewandhaus, der Johanniskirchturm und die Propsteikirche wurden nun konzeptlos abgebrochen. Für die Gestaltung des zentralen Karl-Marx-Platzes mit dem Neubau der Universität erfolgte trotz erheblicher Proteste der wohl spektakulärste politisch motivierte Abbruch, indem die noch intakte Paulinerkirche am 30. 5. 1968 gesprengt wurde. In den Jahren 1968 bis 1978 wurde die Universität vollständig neu errichtet und mit einem zeichenhaften Turmhaus nach dem Entwurf von Hermann Henselmann ausgestattet, ausgeführt vom Kollektiv um Helmut Ullmann und Horst Siegel. Anstelle des ursprünglich geplanten Audimax der Universität entstand 1981 das Neue Gewandhaus, so dass dem renommierten Kapellmeister Kurt Masur und seinem Orchester eine neue Spielstätte zur Verfügung stand, die die Anforderungen eines modernen Konzerthauses ausgezeichnet erfüllt.

Während der Wohnungsbau seit Anfang der siebziger Jahre in großem Maßstab als Stadterweiterung an den Rändern wie in Grünau und Paunsdorf erfolgte, gab es in den achtziger Jahren auch vereinzelte Planungen für eine Integration von industriell vorgefertigten Großverbundplattenbauten in den Altbaubestand mit dem Ziel einer Stadtreparatur wie am Dorotheenplatz. Einzelne Instandsetzungen und Sanierungen von Barockbauten wie Fregehaus und Bosehaus sowie von Messehäusern wie Specks Hof und Städtisches Kaufhaus erfolgten, nachdem sechzig Prozent der historischen Altstadt Leipzigs 1979 in die Denkmalliste der DDR aufgenommen worden war. Vor dem Hintergrund der Bestandssicherung und der kritischen Stadtrekonstruktion wurde 1988 ein Wettbewerb zur Perspektiventwicklung des Leipziger Zentrums ausgeschrieben, dessen politisch unerwünschte Ergebnisse zur Stadtrepara-

Die spätgotische Nikolaikirche erhielt 1784–97 ihren frühklassizistischen Innenraum von Johann Carl Friedrich Dauthe.

tur nicht veröffentlicht werden durften. Im Herbst des darauffolgenden Jahres wurden die Montagsdemonstrationen auf dem Leipziger Innenstadtring Ausgangspunkt der Friedlichen Revolution und gehören zu den entscheidenden Ereignissen des 20. Jahrhunderts. Der zentrale Ausgangsort war die Nikolaikirche, in der die Friedensgebete gehalten wurden. Die markanten Säulen mit Palmkapitellen im klassizistisch gestalteten Kirchenraum stehen als Symbol für den Frieden, so dass zur Erinnerung an den Herbst 1989 eine Säule aus dem Kircheninnern nachgebaut und am zehnten Jahrestag auf dem Nikolaikirchhof als Denkmal aufgestellt wurde.

Die ersten Jahre nach der politischen Wende waren geprägt durch die Erneuerung und Revitalisierung der Innenstadt. Zu den frühen Projekten gehörte die Instandsetzung von Barockbauten wie Altes Kloster, Grönländer und Arabischer Coffe Baum. Die stark zerfallene Alte Nikolaischule aus der Renaissancezeit wurde im Auftrag der neugegründeten Kulturstiftung Leipzig von Sudau, Storch und Ehlers instandgesetzt und ausgezeichnet ergänzt. Um die Leipziger Messetradition nach europäischem Standard weiterzuentwickeln, wurde Anfang der neunziger Jahre entschieden, die Neue Messe im nördlichen Wiederitzsch 1996 nach dem Entwurf von Volkwin Marg und Hubert Nienhoff zu errichten. So wie sich das Bild der Stadt durch die Einführung der Mustermesse zu Beginn des 20. Jahrhunderts entscheidend verändert hatte, hatte auch ihre Verlegung aus dem Stadtzentrum erhebliche Konsequenzen. Die Messepaläste wurden sukzessive für Geschäftshaus- und Warenhaus-Nutzungen umgebaut. Der überdimensionierte Hauptbahnhof erhielt ein modernes Shopping- und Dienstleistungszentrum, womit die denkmalgeschützte »Kathedrale des Reisens« erhalten blieb. Zugleich bildete dieser Bahnhofsausbau ein Gegengewicht zu der Ansiedlung von Großeinkaufszentren an der Peripherie.

Das allgegenwärtige Grau im Leipzig der achtziger Jahre resultierte aus dem jahrzehntelang betriebenen Braunkohle-Tagebau im stadtnahen Umland. Mitte der neunziger Jahre begann hier ein erheblicher Wandel. Der Tagebau im Bergbaurevier Südraum Leipzig wurde weitgehend stillgelegt, die Tagebaurestlöcher allmählich geflutet und mit dem Cospudener, Markkleeberger, Zwenkauer und Störmthaler See zum Leipziger Neuseenland umgestaltet. Diese neue Qualität wirkte sich bis in das Stadtzentrum aus. Auch hier gewann das Wasser gestalterisch Bedeutung, indem die Überwölbung der Mühlgräben von Elster und Pleiße und damit die Verdrängung der Flusslandschaften aus dem Stadtbild revidiert wurde. Durch die Initiative »Pleiße ans Licht« gelang die Freilegung und Rekultivierung des Pleißemühlgrabens, und es entstanden neue, hochwertige Stadträume wie am Dittrichring, Simsonplatz und Mendelssohnufer. Eine wesentliche Maßnahme für die Entwicklung des Industriequartiers Plagwitz war die Rekultivierung des verseuchten Karl-Heine-Kanals, der sich mit neuer Ufergestaltung und seinen Brücken zur Identitätsachse entwickelt hat, wichtige Impulse für die angrenzenden Wohn- und Industriekarrees gibt und inzwischen zum Leipziger Kulturdenkmal erklärt wurde. So beteiligte sich die Stadt Leipzig an der EXPO 2000 Hannover mit den beiden Konversionsprojekten »Plagwitz auf dem Weg ins 21. Jahrhundert« und »Landschaftsnutzung Cospudener See«.

Seit Umgestaltung des Zentrums im Sinne der »Europäischen Stadt« fehlen mehrere Zeugnisse der DDR-Architekturentwicklung im Stadtbild: So wurde das Ensemble aus Konsument-Warenhaus und Wohnscheiben durch das Großeinkaufszentrum »Höfe am Brühl« ersetzt; als Erinnerungsfragment wurde die von Harry Müller gestaltete Aluminium-Kaufhausfassade vor das neue Parkhaus gehängt. Anstelle des Robotron-Gebäudes an der Gerberstraße wurde 2021 der Neubau der Sächsischen Aufbaubank errichtet; die Wandreliefs von Arno Rink, Frank Ruddigkeit und Klaus Schwabe aus dem Bestandsbau wurden darin reinstalliert. Anlässlich des Neubaus zum 600-jährigen Jubiläum der Universität 2009 erfolgte der Abbruch des Hauptgebäudes zugunsten der Neubauten Augusteum und Paulinum von Erick van Egeraat. Lediglich an der platzabgewandten Universitätsstraße wurden Seminargebäude erhalten und von Behet, Bondzio, Lin saniert.

Während im Stadtzentrum die großmaßstäblichen Baumaßnahmen abgeschlossen sind, steht die Gestaltung des brachliegenden Wilhelm-Leuschner-Platzes derzeit im Fokus. Die neue Propsteikirche St. Trinitatis von Ansgar und Benedikt Schulz wurde 2015 fertiggestellt. Weitere Konzeptionen zeigen sich im Masterplan mit neuen Freianlagen, Reaktivierung des Bowlingtreffs und Neubebauungen auf der Osthälfte. Ein Auftakt für den Transformationsprozess war die Neubenennung als »Platz der Friedlichen Revolution« zur Erinnerung an den Herbst 1989 und an die bürgerschaftliche Kultur Leipzigs.

Stadtgeschichte in Daten

Jungsteinzeit und Bronzezeit In der Leipziger Tieflandbucht sind im Bereich des Zusammenflusses von Elster, Pleiße und Parthe frühe Besiedlungen nachweisbar.

Römische Kaiserzeit Germanische Besiedlungen und Vordringen sorbischer Stämme

7.–9. Jh. slawische Ansiedlung mit dem Namen *Lipzi* (sorbisch: *Lipa* für ›Linde‹), ›Ort bei den Linden‹

10. Jh. im Rahmen der Ostexpansion des sächsischstämmigen Königs Heinrich I. wird die Burg Meißen gegründet und das Gebiet um Leipzig in das fränkische Burgwardsystem einbezogen; Ausbau zur *urbs* (Burg) in der zweiten Hälfte des 10. Jh.s

1015 erste urkundliche Erwähnung der *urbs Lipzi* (Burg Leipzig) in der Chronik des Bischofs Thietmar von Merseburg

1165 Markgraf Otto der Reiche von Meißen erteilt Leipzig den Stadtbrief und das Stadtrecht einschließlich Marktprivileg; Leipzigs Bedeutung als Handelsstadt wird durch die Kreuzung der Reichsstraßen *Via imperii* und *Via regia* gestärkt. Dem Schutzpatron der Kaufleute wird die Pfarrkirche St. Nikolai geweiht.

1212 Gründung des Augustiner-Chorherrenstifts St. Thomas durch Markgraf Dietrich, Umbau des bestehenden romanischen Vorgängerbaus zur Stiftskirche

13. Jh. Ausbau der Stadt und Errichtung des Verteidigungsrings bis etwa 1250, der die Gestalt der Stadt bis ins 19. Jh. bestimmt

1409 Gründung der Alma Mater Lipsiensis mit Unterstützung der Meißener Markgrafen Friedrich I. und Wilhelm II. der Reiche

1482–88 Neubau des Hauptschiffes Thomaskirche als spätgotische Hallenkirche (1482), spätgotische Gestaltung von Paulinerkirche (1485) und Matthäikirche (1488)

1485 11.11.: Mit der Leipziger Teilung wurde die Landesteilung zwischen den wettinischen Herzögen von Sachsen, den Brüdern Ernst und Albrecht III., in Leipzig beschlossen; die Stadt gehört fortan zum Albertiner Herzogtum Sachsen.

1497 Maximilian I. erteilt Leipzig beim Reichstag zu Worms das kaiserliche Privileg der Reichsmesse und das Stapelrecht; im Lauf der Jahrhunderte entwickelt sich Leipzig zum internationalen Messestandort.

1512 Einweihung der Nikolaischule als erste städtische Schule am Nikolaikirchhof; spätgotische Gestaltung der Nikolaikirche

1519 Die Pleißenburg wird zum Ort der Leipziger Disputation zwischen dem katholischen Theologen Johannes Eck und den Vertretern der reformatorischen Bewegung, Martin Luther, Andreas Karlstadt und Philipp Melanchthon.

1539 Einführung der Reformation in Sachsen durch Herzog Heinrich den Frommen; Luther hält die Pfingstpredigt in der Thomaskirche. Die Stadt überlässt der Universität Leipzig das säkularisierte Kloster St. Pauli.

1546/47 Belagerung und Zerstörung der Stadt im Schmalkaldischen Krieg

1549 Kurfürst Moritz ernennt den Leipziger Ratsherrn Hieronymus Lotter zum kurfürstlichen Baumeister; Beauftragung Lotters zum Neubau der Pleißenburg sowie zur Ausstattung der Verteidigungsanlagen mit Basteien

1556 Errichtung des Alten Rathauses und der Alten Waage am Markt unter der Leitung von Hieronymus Lotter

1618–48 Dreißigjähriger Krieg; eine Entscheidungsschlacht wird am 17.9.1631 nahe des Dorfes Breitenfeld (heute Quartier im Leipziger Norden) ausgetragen; sie verläuft zugunsten der protestantischen Truppen des Schwedenkönigs Gustav II. Adolf, und Graf von Tilly unterliegt mit den katholischen kaiserlichen Truppen.

1687 Bau der Handelsbörse am Naschmarkt als einer der ersten Leipziger Barockbauten

1693 Errichtung des ersten bürgerlichen Musiktheaters am Brühl, das nach Venedig und Hamburg das dritte dieser Art in Europa war.

Um 1700 Ausbau der Stadt im Sinne des bürgerlichen Barocks mit repräsentativen Handels- und Kaufmannshöfen; Bau des Romanushauses (1703) von Johann Gregor Fuchs als Auftakt für die prächtige barocke Katharinenstraße; Trockenlegung von Stadtgräben und Bepflanzung von Wällen mit Lindenbaumalleen

1706 August der Starke beauftragt seinen Hofbaumeister Johann Christoph Naumann zum Entwurf eines Lustgartens mit Palais im Rosenthal; 13 Schneisen und die Große Wiese werden angelegt, das feudale Projekt in der Bürgerstadt bleibt unvollendet.

1719 Gründung des weltweit ersten Musikverlags Breitkopf & Härtel in Leipzig

1723 Johann Sebastian Bach wird Thomaskantor und *Director musices* und prägt bis zu seinem Tod 1750 das Leipziger Musikleben.

1727 Caroline Neuber gründet die Neuber'sche Komödiantengesellschaft und erhält das sächsische Hofprivileg zur Führung eines Theaters im Haus Großer Blumenberg; zusammen mit Johann Christoph Gottsched arbeitet sie an der Entwicklung des nationalen Theaters.

1743 Einführung des »Großen Concerts« als Auftakt der späteren Gewandhauskonzerte

1756 Bau des Gohliser Schlösschens als bürgerliches Sommerpalais für den Ratsherrn Johann Caspar Richter

1756–63 Im Siebenjährigen Krieg wird Leipzig von Preußen besetzt und als Messestadt gegen Tributzahlungen unter Schutz des Preußischen Königs gestellt.

1764 Gründung der Leipziger Zeichenakademie mit dem ersten Direktor Adam Friedrich Oeser in der kurfürstlichen Pleißenburg

1765 Johann Wolfgang Goethe studiert in Leipzig zunächst Rechtswissenschaften, bald jedoch folgt er den Poetikvorlesungen von Gellert, nimmt Zeichenunterricht bei Oeser und widmet sich ersten literarischen Arbeiten.

1766 Errichtung eines Theaterbaus auf den Fundamenten der Stadtmauer und der Rannischen Bastei, nach Umbau durch Friedrich Weinbrenner wird es seit 1817 als Theater der Stadt Leipzig geführt

1781 Im ehemaligen Handelshaus der Tuchmacher, dem Gewandhaus, entsteht für die Konzerte ein prächtiger Saal nach dem Entwurf von Johann Carl Friedrich Dauthe.

1785 Nach der Schleifung der Stadtbefestigungen wird der Promenadenring mit Parks und Grünzügen angelegt nach dem Entwurf von Johann Carl Friedrich Dauthe.

1813 Richard Wagner wird in Leipzig geboren.
16.–19. 10.: Völkerschlacht bei Leipzig, Napoleons Heer wird von den verbündeten Armeen Russlands, Preußens, Österreichs und Schwedens besiegt.

1818 Friedrich Anton Brockhaus wählt Leipzig als Sitz seines Verlages und gibt das Konversations-Lexikon heraus, die spätere *Brockhaus Enzyklopädie*.

1825 Gründung des Börsenvereins der Deutschen Buchhändler zu Leipzig

1828 Anton Philipp Reclam kauft eine Leihbibliothek in Leipzig und gründet den Verlag des Literarischen Museums, den Verlag benennt er 1837 um in Philipp Reclam jun.

1830 Robert Schumann lebt in Leipzig; nachdem er bereits 1828 in Leipzig zeitweilig Jura studiert hatte, widmet er sich seit 1830 der Musik; seit 1834 gibt er die *Neue Zeitschrift für Musik* heraus. 1840 heiratet er die Pianistin Clara Wieck.

1835 Felix Mendelssohn Bartholdy wird Gewandhauskapellmeister; er macht Leipzig zu einem der deutschen Musikzentren der Romantik und erhält 1836 die Ehrendoktorwürde der Philosophischen Fakultät.

1838 Anlage des Augustusplatzes im Promenadenring mit dem Augusteum der Universität von Albert Geutebrück

1839 Die Eisenbahnstrecke Leipzig–Dresden geht als erste deutsche Fernbahnstrecke in Betrieb; nachfolgend entwickelt sich Leipzig zum wichtigsten Verkehrsknotenpunkt in Mitteldeutschland.

1843 Felix Mendelssohn Bartholdy begründet im Gewandhaus das Leipziger Conservatorium der Musik und damit die erste deutsche Musikhochschule.

Um 1850 Ausbau der Dörfer Plagwitz und Lindenau westlich des Elsterflutbeckens zu prosperierenden Industriequartieren durch den Unternehmer Karl Heine; er initiiert auch den Bau des Elster und Saale verbindenden Kanals, heute Karl-Heine-Kanal.

1855 Bau der ersten jüdischen Gemeindesynagoge von Otto Simonson

1858 Errichtung des Bildermuseums nach dem Entwurf von Ludwig Lange für die Sammlung des 1837 gegründeten Kunstvereins

1864 Anlage eines Turn- und Spielplatzes durch den Reformpädagogen Ernst Innozenz Hauschild, der ihn nach Moritz Schreber benennt; die Anlage ist Basis der späteren Schrebervereine.

1868 Bau des Neuen Theaters am Augustusplatz von Carl Ferdinand Langhans

1871 Gründung des Deutschen Reiches; Leipzig ist mit 100 000 Einwohnern zur Großstadt angewachsen. In den nächsten vier Jahrzehnten wird die Stadt im Sinne der Gründerzeit repräsentativ ausgebaut.

1878 Gastwirt Ernst Pinkert eröffnet den Pfaffendorfer Tierpark nördlich des Rings und begründet damit den späteren Zoologischen Garten.

1879 Hugo Licht entwirft in seiner fast dreißigjährigen Amtszeit als Stadtbaurat die wichtigsten öffentlichen Bauten vom Konservatorium der Musik (1885–87), dem ersten Grassimuseum (1894–95) bis zum Neuen Rathaus (1899–1905)

1887 Bau des Neuen Gewandhauses von Martin Gropius und Heino Schmieden

1888 Die Meyer'schen Häuser entstehen als Reformwohnbauten in Arbeiterwohnquartieren und bieten sozialverträgliche Wohnungen.

1895 Bau des Reichsgerichtsgebäudes von Ludwig Hoffmann und Peter Dybwad

Einführung der Mustermesse in Leipzig nach dem Vorbild der Weltausstellungen; Bau des Städtischen Kaufhauses als erster Messepalast sowie umfassender Umbau des Stadtzentrums für die Mustermesse

1897 Neu- und Umbau der Universität von Arwed Roßbach

1905 Leipzig gehört mit rund 500 000 Einwohnern zu den fünf größten Städten des Wilhelminischen Kaiserreichs.

1909 Neubau des Hauptbahnhofes von William Lossow und Max Hans Kühne bis 1915

1912 Gründung der Deutschen Bücherei und Errichtung eines Baus am Deutschen Platz (1914–16) von Oskar Pusch

1913 18.10.: Einweihung des Nationaldenkmals anlässlich des 100-jährigen Jubiläums der Völkerschlacht Einweihung der russischen St.-Alexi-Gedächtniskirche; Austragung der Internationalen Baufachausstellung auf dem Areal, das sich ab 1920 als Technische Messe etabliert

1914–18 Erster Weltkrieg

1924 Hubert Ritter ist Stadtbaurat und prägt die Stadt im Sinne des Neuen Bauens mit mehreren Wohnanlagen, Reformschulbauten, der Großmarkthalle und dem Generalbebauungsplan.

1927 Eröffnung des Neuen Grassimuseums für Kunstgewerbe, Musikinstrumente und Völkerkunde von Hans Voigt, Carl William Zweck und Hubert Ritter

1930 Bau des ersten Leipziger Hochhauses für den Bankier Hans Kroch am Augustusplatz; Bau der Kroch-Wohnsiedlung im nördlichen Gohlis von Paul Mebes und Paul Emmerich

1933 Machtergreifung der Nationalsozialisten; der sogenannte Reichstagsbrandprozess gegen Georgi Dimitroff findet im Leipziger Reichsgericht statt

1934 Grundsteinlegung durch Adolf Hitler für ein Richard-Wagner-Nationaldenkmal, das aufgrund des Zweiten Weltkrieges unvollendet bleibt

1936 Nach der Zerstörung des Mendelssohn-Denkmals durch die Nationalsozialisten tritt Oberbürgermeister Carl Friedrich Goerdeler von seinem Amt zurück; er gehört später zur Widerstandsgruppe des 20. Juli 1944.

1938 Zerstörung aller 12 Leipziger Synagogen in der Pogromnacht, Ausnahme ist die Brodyer Synagoge innerhalb eines Wohnhauses; Zerstörung der Feierhalle (1928) von Wilhelm Haller auf dem Neuen Israelitischen Friedhof

1939–45 Zweiter Weltkrieg

1945 Leipzig wird Teil der sowjetischen Besatzungszone mit Generalmajor Nikolai Iwanowitsch Trufanow als Stadtkommandanten.
Enttrümmerung der Stadt und Wiederaufbau des teilzerstörten Alten Rathauses bis 1950

1949 7.10.: Gründung der DDR; Leipzig wird eine der 14 Bezirkshauptstädte der DDR; die internationale Messestadt Leipzig gilt als »Tor zur Welt«.

1953 17.6.: Aufstand gegen die SED mit Streiks und Demonstrationen im Leipziger Stadtzentrum; Verhängung des Kriegsrechts

1956 Bau der Arbeiterwohnpaläste Jahnallee und Ringbebauung am Roßplatz

1957 Mit dem Bau des Zentralstadions von Karl Souradny und der Deutschen Hochschule für Körperkultur von Hanns Hopp und Kunz Nierade etabliert sich Leipzig als Sportstadt der DDR.

1960 Bau des neuen Opernhauses von Kunz Nierade

1968 30.5.: Trotz Protesten erfolgt die willkürliche Sprengung der intakten Paulinerkirche für die »sozialistische Umgestaltung des Karl-Marx-Platzes« und den Neubau der Universität.

1981 8.10.: Einweihung des Neuen Gewandhauses mit der Aufführung der 9. Symphonie Beethovens, dirigiert vom Gewandhauskapellmeister Kurt Masur

1989 9.10.: Friedensgebete und anschließende Montagsdemonstrationen auf dem Leipziger Innenstadtring mit etwa 70 000 Menschen werden zum Ausgangspunkt für die Friedliche Revolution in der DDR und für die politische Wende; seit 2009 regelmäßig jährliches Lichterfest zur Erinnerung an die Ereignisse in Leipzig

Seit 1992 Instandsetzungen historisch wertvoller Bauten im Stadtzentrum wie Altes Kloster, Grönländer, Arabischer Coffe Baum und Alte Nikolaischule sowie Ausbau des Stadtzentrums

Seit 1993 Im Bergbaurevier Südraum Leipzig wird der Tagebau weitgehend eingestellt und die Tagebaurestlöcher werden geflutet.

1996 Eröffnung der Neuen Messe Leipzig von Gerkan, Marg und Partner

1998 Eröffnung des modernisierten und umgebauten Hauptbahnhofes

1999 Aufstellung einer Friedenssäule auf dem Nikolaikirchhof zur Erinnerung an den Herbst 1989

2000 »Plagwitz auf dem Weg ins 21. Jahrhundert« und »Landschaftsnutzung Cospudener See« sind externe Projekte der EXPO 2000 unter dem Motto »Mensch, Natur, Technik«.

2002 Eröffnung des Porsche-Werks von gmp Architekten

2004 Eröffnung des neuen Museums der bildenden Künste von Karl Hufnagel, Peter Pütz und Michael Raffaelian

2005 Eröffnung des BMW-Werks mit Zentralgebäude von Zaha Hadid im Leipziger Norden

2007 Wiedereröffnung der Museen im Grassi nach jahrzehntelangen Provisorien und Interimssituationen

2009 600-jähriges Jubiläum der Universität Leipzig; Neubau des Universitätscampus mit dem Augusteum und Paulinum von Erick van Egeraat

2013 200. Geburtstag von Richard Wagner und Aufstellung des Klinger-Balkenhol-Denkmals; 200-jähriges Jubiläum der Völkerschlacht mit Wiedereröffnung des sanierten Denkmals; Eröffnung des City-Tunnels

2014 25-jähriges Jubiläum der Friedlichen Revolution

2015 Fertigstellung der neuen Propsteikirche St. Trinitatis von Ansgar und Benedikt Schulz; 1000-Jahr-Feier der Stadt Leipzig anlässlich der ersten urkundlichen Erwähnung

2022 Wiederaufnahme des Diskurses und Planungsverfahrens zum Denkmal der Friedlichen Revolution 1989

Kulturkalender

Januar: *Winterrundgang* Spinnerei

März: *Leipzig liest.* Lesefest der Leipziger Buchmesse, *Kurzsuechtig.* Kurzfilmfestival

Mai: *a capella Festival* für Vokalmusik, Museumsnacht Halle und Leipzig, Wagner Festtage, *Frühjahrsrundgang* Spinnerei

Juni: Bachfest, Leipziger Stadtfest, *Schalom.* Jüdische Woche, Wave-Gotik-Treffen, *MDR Musiksommer*

Juli: *Leipzig. Courage zeigen.* Openair für Demokratie und Toleranz, Johann-Sebastian-Bach-Wettbewerb, Leipziger Hörspielsommer

August: *Classic Open Leipzig*, Leipziger Wasserfest

September: Leipziger Jazz Tage, *Herbstrundgang* Spinnerei, Schumann-Festwoche

Oktober: *Lichtfest* am 9. Oktober, *Revolutionale.* Festival für Veränderung, Herbst '89 Aufbruch zur Demokratie, *Grassimesse* für angewandte Kunst und Design, *Leipziger Literarischer Herbst*, *DOK Leipzig.* Festival für Dokumentar- und Animationsfilm

November: Mendelssohn-Festtage, *euro-scene leipzig*, Festival zeitgenössischen europäischen Theaters

Dezember: Weihnachtsmarkt

Rundgänge

Leipzig in drei Tagen

1. Tag: **Rundgang A:** Stadtzentrum mit **Thomaskirche** (S. 51), **Bosehaus** (S. 73), Altes Kloster (S. 90), Haus Zum Arabischen Coffe Baum (S. 91), Barthels Hof (S. 80), König-Albert-Haus (S. 57), Alte Waage (S. 57), Fregehaus (S. 85), **Museum der bildenden Künste** (S. 86), Altes Rathaus (S. 55), Alte Börse (S. 62), **Mädler-Passage** (S. 59), Riquet-Haus (S. 78), Specks Hof (S. 75), **Nikolaikirche** (S. 49), Geschwister-Scholl-Haus (S. 76), Kroch-Hochhaus (S. 67), Opernhaus (S. 68), **Neues Gewandhaus** (S. 70), **Universität** (S. 62), Moritzbastei (S. 97)

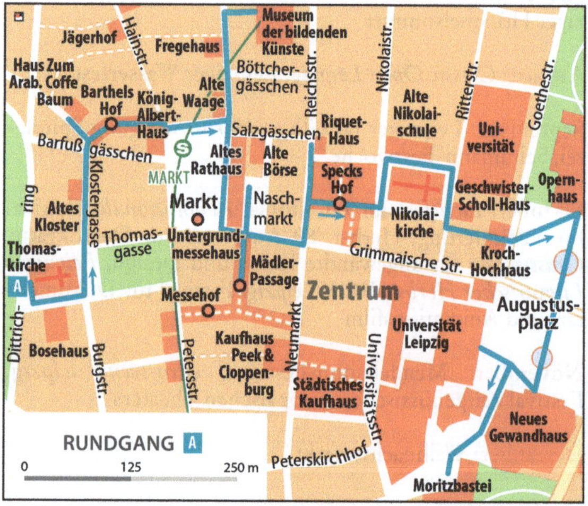

Museen zur Auswahl: Bach-Museum im Bosehaus (S. 194), Museum der bildenden Künste (S. 200)

2. Tag: Rundgang B (morgens): Promenadenring (S. 106) beginnend am Schiller-Denkmal (Schillerstraße, S. 107); Ringbebauung Roßplatz (S. 105), Graphisches Viertel (S. 116) und Seeburgviertel mit Mendelssohn-Haus (S. 115), Musikverlag Peters (S. 116), Alter Johannisfriedhof (S. 120), Haus des

Buches (S. 119), Lene-Voigt-Park (S. 161), Schumann-Haus (S. 115), Reclam-Haus (S. 117), Johannisplatz (S. 120), Grassimuseum (S. 111)

Rundgang C (nachmittags): Musikviertel mit Pleißemühlgraben (S. 130) und Mendelssohnufer (S. 131), Bundesverwaltungsgericht (S. 124), Bibliotheca Albertina (S. 125), Hochschule für Musik und

Theater (S. 127), Galerie für Zeitgenössische Kunst (S. 128), Hochschule für Grafik und Buchkunst (S. 126), Deutsches Literaturinstitut Leipzig (S. 127), Propsteikirche (S. 98), Neues Rathaus (S. 94)

Museen zur Auswahl: Mendelssohn-Haus (S. 197), Grassimuseum (Angewandte Kunst, Völkerkunde, Musikinstrumente, S. 198), Galerie für Zeitgenössische Kunst (S. 128)

3. Tag: Rundgang D: Leipziger Westen mit Baumwollspinnerei (S. 177), Liebfrauenkirche (S. 170), Schaubühne Lindenfels (S. 174), Ufer Karl-Heine-Kanal mit Konsumzentrale, Stelzenhaus, Buntgarnwerke (eventuell per Schiff, S. 179)

Rundgang E (alternativ): Leipziger Osten mit Völkerschlachtdenkmal (S. 151), Südfriedhof (S. 159), Alte Messe mit Betonhalle (S. 154), Bundesbank Sachsen-Thüringen (S. 155), Sowjetischer Pavillon

RUNDGANG D
0
250
500
750 m
Rossmarktstr.
Angerstr.
Demmeringstr.
Lindenauer Markt
Theater der Jungen Welt
Kuhturmstr.
Musikalische Komödie
Lützner Str.
Palmengarten
Demmeringstr.
Lützner Str.
Tapetenwerk
LINDENAU
87
Endersstr.
Helmholtzstr.
Merseburger Str.
Josephstr.
Birkenstr.
Felsenkeller
Zschochersche Str.
Alle
Karl-Heine-Str.
Lindenau
Schaubühne Lindenfels
Aurelien-
Karl-Heine-Str.
Lützner Str.
Saalfelder Str.
Engertstr.
Groitzscher Str.
Westwerk
Zeigner-
Forststr.
Stadtteilpark Plagwitz
Stelzenhaus
Karl-Heine-Kanal
Nonnenstr.
Liebfrauenkirche
Industriestr.
D
Buntgarnwerke
Baumwollspinnerei
PLAGWITZ
Konsumzentrale
Plagwitz
Erich-
Industriestr.
Holbeinstr.
Giesserstr.
Naumburger Str.

Russische Kirche
Ph.-Rosenthal-
weis- str.
Prager
Kregelstr.
Papiermühlstr.
STÖTTERITZ
Semmel
Deutsche Nationalbibliothek
Deutscher Platz
Str.
Perlickstr.
Str.
Güntzstr.
Schönbach-str.
Wasserturmstr.
Weissestr.
Sowjetischer Pavillon
Str. des 18. Okt.
„MM“-Signet
Holz-
häuser Str.
Halle 11
Hauptverwaltung Deutsche Bundesbank
Naunhofer Str.
Altes Messegelände
Zwickauer Str.
Betonhalle
VÖLKERSCHLACHT-DENKMAL
Ludolf-Colditz-Str.
Richard-
Lehmann-
Str.
An der Tabaksmühle
Marienbrunn
Prager Str.
RUNDGANG E
0
250
500
750 m
E
Südfriedhof
Völkerschlachtdenkmal

(S. 154), Deutsche Nationalbibliothek (S. 155), Russische Kirche (S. 150)
Museen/Galerien zur Auswahl: Galerien in der Baumwollspinnerei (S. 177), Deutsches Buch- und Schriftmuseum in der Deutschen Nationalbibliothek (S. 195), Forum 1813 am Völkerschlachtdenkmal (S. 196)

Leipzig in fünf Tagen

1. Tag: Stadtzentrum mit Thomaskirche (S. 51), Bosehaus (S. 73), Altes Kloster (S. 90), Haus Zum Arabischen Coffe Baum (S. 91), Barthels Hof (S. 80), König-Albert-Haus (S. 57), Alte Waage (S. 57), Fregehaus (S. 85), Museum der bildenden Künste (S. 86), Altes Rathaus (S. 55), Alte Börse (S. 62), Mädler-Passage (S. 59), Riquet-Haus (S. 78), Specks Hof (S. 75), Nikolaikirche (S. 49), Geschwister-Scholl-Haus (S. 76), Kroch-Hochhaus (S. 67), Opernhaus (S. 68), Neues Gewandhaus (S. 70), Universität (S. 62), Moritzbastei (S. 97)
Museen zur Auswahl: Bach-Museum im Bosehaus (S. 194), Museum der bildenden Künste (S. 200)

2. Tag: Morgens: Kolonnadenviertel mit Dorotheenplatz (S. 136); Synagogen-Denkmal (S. 132), Schauspielhaus (S. 133), Musikviertel mit Pleißemühlgraben und Mendelssohnufer (S. 131), Bundesverwaltungsgericht (S. 124), Bibliotheca Albertina (S. 125), Hochschule für Musik und Theater (S. 127), Galerie für Zeitgenössische Kunst (S. 128), Hochschule für Grafik und Buchkunst (S. 126), Deutsches Literaturinstitut Leipzig (S. 127), Propsteikirche (S. 98). Nachmittags: Ringbebauung Roßplatz (S. 105), Graphisches Viertel (S. 116) und Seeburgviertel mit Mendelssohn-Haus (S. 115), Musikverlag Peters

(S. 116), Alter Johannisfriedhof (S. 120), Haus des Buches, Lene-Voigt-Park (S. 161), Schumann-Haus (S. 115), Reclam-Haus (S. 117), Johannisplatz (S. 120), **Grassimuseum** (S. 111)
Museen zur Auswahl: **Galerie für Zeitgenössische Kunst** (S. 128), Kunstsammlung der Sparkasse (S. 197), **Mendelssohn-Haus** (S. 197), **Grassimuseum** (Angewandte Kunst, Völkerkunde, Musikinstrumente, S. 198)

3. Tag: Stadtzentrum mit Hainstraße (S. 80), Markt (S. 55), Petersstraße (S. 91), Messehof (S. 92), Deutsche Bank (S. 97), Neues Rathaus (S. 94); Leipziger Osten mit **Völkerschlachtdenkmal** (S. 151), Südfriedhof (S. 159), Alte Messe mit Betonhalle (S. 154), Bundesbank Sachsen-Thüringen (S. 155), Sowjetischer Pavillon (S. 154), **Deutsche Nationalbibliothek** (S. 155), Russische Kirche (S. 150)
Museen zur Auswahl: Zeitgeschichtliches Forum (S. 203), Forum 1813 am **Völkerschlachtdenkmal** (S. 196), Deutsches Buch- und Schriftmuseum in der **Deutschen Nationalbibliothek** (S. 195)

4. Tag: Morgens: Waldstraßenviertel (S. 138) mit Mückenschlösschen (S. 139), Wohnhaus Hänsel (S. 140), Ariowitsch-Haus (S. 139), Wohnhaus Bastänier (S. 139). Nachmittags: Leipziger Westen mit **Baumwollspinnerei** (S. 177), Liebfrauenkirche (S. 170), Schaubühne Lindenfels (S. 174), **Ufer Karl-Heine-Kanal** mit Konsumzentrale, Stelzenhaus, Buntgarnwerke (eventuell per Schiff, S. 179), Theater der Jungen Welt (S. 172), Meyer'sche Häuser Lindenau (S. 173)
Museen/Galerien zur Auswahl: Galerien in der **Baumwollspinnerei** (S. 177), Museum für Druckkunst (S. 200)

5. Tag: **Promenadenring** (S. 106) beginnend am Wagner-Denkmal (Goerdelerring, S. 109); Naturkundemu-

seum (S. 201), Zoologischer Garten (S. 143), Kongresshalle (S. 143), Rosental (S. 144); Leipziger Norden mit Gohliser Schlösschen (S. 183), Schillerhaus (S. 184), Versöhnungskirche (S. 181), Kroch-Siedlung (S. 185)
Alternativ für Parkfreunde: Parks an der Elster (eventuell per Fahrrad) mit Clara-Zetkin-Park (S. 146), Parkgaststätte und Parkbühne, Johannapark (S. 147), Palmengarten (S. 148), Richard-Wagner-Hain (S. 148), Campus Jahnallee (S. 141), Sportforum mit Zentralstadion (S. 140)
Museen zur Auswahl: Naturkundemuseum (S. 201), Deutsches Kleingärtnermuseum (S. 135)

Leipzig in sieben Tagen

1. Tag: Stadtzentrum mit Markt, König-Albert-Haus (S. 57), Alte Waage (S. 57), Altes Rathaus (S. 55), Alte Börse (S. 62), **Mädler-Passage** (S. 59), Riquet-Haus (S. 78), Specks Hof (S. 75), **Nikolaikirche** (S. 49), Nikolaistraße (S. 77), Alte Nikolaischule (S. 78), Geschwister-Scholl-Haus (S. 76), Kroch-Hochhaus (S. 67), **Universität** (S. 62), Opernhaus (S. 68), **Neues Gewandhaus** (S. 70), Moritzbastei (S. 97)
Museen zur Auswahl: Zeitgeschichtliches Forum (S. 203), Ägyptisches Museum im Kroch-Hochhaus (S. 194)

2. Tag: Stadtzentrum mit **Thomaskirche** (S. 51), **Bosehaus** (S. 73), Klostergasse (S. 89), Altes Kloster (S. 90), Haus Zum Arabischen Coffe Baum (S. 91), Barthels Hof (S. 80), Hainstraße (S. 80), Großer Blumenberg (S. 84), Romanushaus (S. 85), Fregehaus (S. 85), **Museum der bildenden Künste** (S. 86), Petersstraße (S. 91), Messehof (S. 92), Städtisches Kaufhaus

(S. 79), Deutsche Bank (S. 97), **Neues Rathaus** (S. 94), Stadthaus (S. 96), TRIAS-Haus (S. 96)
Museen zur Auswahl: Bach-Museum im **Bosehaus** (S. 194), Kunstsammlung der Sparkasse (S. 197), **Museum der bildenden Künste** (S. 200), Stadtgeschichtliches Museum (S. 202)

3. Tag: Leipziger Osten mit **Völkerschlachtdenkmal** (S. 151), Südfriedhof (S. 159), Alte Messe mit Betonhalle (S. 154), Bundesbank Sachsen-Thüringen (S. 155), Sowjetischer Pavillon (S. 154), **Deutsche Nationalbibliothek** (S. 155), Russische Kirche (S. 150), Großmarkthalle (S. 159), Bayrischer Bahnhof (S. 158)
Museen zur Auswahl: Deutsches Buch- und Schriftmuseum in der **Deutschen Nationalbibliothek** (S. 195), Forum 1813 am **Völkerschlachtdenkmal** (S. 196)

4. Tag: Schwerpunkt Gründerzeit (eventuell per Fahrrad): Morgens: Stadtring mit **Hauptbahnhof** (S. 100), Hotel Astoria (S. 102), Reformierte Kirche (S. 98), Hotel Fürstenhof (S. 103); Waldstraßenviertel mit Ariowitsch-Haus (S. 139), Wohnhaus Bastänier (S. 139); Bachviertel (S. 134) mit Villa Gebhardt, Villa Meyer, Forum Thomanum; Johannapark (S. 147); Musikviertel mit **Galerie für Zeitgenössische Kunst** (S. 128), Hochschule für Grafik und Buchkunst (S. 126), Bibliotheca Albertina (S. 125), Bundesverwaltungsgericht (S. 124), Stadtbibliothek (S. 123). Nachmittags: Leipziger Westen mit **Baumwollspinnerei** (S. 177), Buntgarnwerke (S. 180), Meyer'sche Häuser Lindenau (S. 173)
Museen/Galerien zur Auswahl: **Galerie für Zeitgenössische Kunst** (S. 128), Museum für Druckkunst (S. 200), Galerien in der **Baumwollspinnerei** (S. 177)

5. Tag: **Promenadenring** beginnend am Wagner-Denkmal

(Goerdelerring, S. 109); Naturkundemuseum (S. 201), Zoologischer Garten (S. 143), Kongresshalle (S. 143), Rosental (S. 144); Leipziger Norden mit Gohliser Schlösschen (S. 183), Schillerhaus (S. 184); Graphisches Viertel und Seeburgviertel mit **Mendelssohn-Haus** (S. 115), Musikverlag Peters (S. 116), Alter Johannisfriedhof (S. 120), Schumann-Haus (S. 115), Reclam-Haus (S. 117), Johannisplatz (S. 120), **Grassimuseum** (S. 111)
Alternativ für Parkfreunde: Parks an der Elster (eventuell per Fahrrad) mit Clara-Zetkin-Park (S. 146), Parkgaststätte und Parkbühne, Johannapark (S. 147), Palmengarten (S. 148), Richard-Wagner-Hain (S. 148); Leipziger Osten mit Lene-Voigt-Park (S. 161)
Museen zur Auswahl: Naturkundemuseum (S. 201), Deutsches Kleingärtnermuseum (S. 135), **Grassimuseum** (Angewandte Kunst, Völkerkunde, Musikinstrumente, S. 198)

6. Tag: Schwerpunkt Moderne im 20./21. Jahrhundert: Morgens: Stadtring mit Hotel The Westin Leipzig (S. 102), Wintergarten-Hochhaus (S. 103), Hauptpost (S. 104), Radisson Hotel (S. 104), Europahaus (S. 105), Ringbebauung Roßplatz (S. 105), **Propsteikirche** (S. 98); Kolonnadenviertel mit Dorotheenplatz (S. 136), Synagogen-Denkmal (S. 132). Nachmittags: Leipziger Süden mit Rundling Lößnig (S. 168), Bonifatiuskirche (S. 162); Alternativ: Leipziger Westen mit Konsumzentrale (S. 176), Stelzenhaus (S. 180) oder Leipziger Norden mit Versöhnungskirche (S. 181), Kroch-Siedlung (S. 185), Neue Messe (S. 186)

7. Tag: Ausflug in den Südraum Leipzig mit Leipziger Neuseenland (S. 190) und Cospudener See (S. 191) (eventuell per Boot vom Stadthafen Leipzig bis zum Cospudener See)

Stadtzentrum

Sakralbauten

Die evangelische **Nikolaikirche** (I G3; Nikolaikirchhof) ♦ ist gleichermaßen architektur- und kulturhistorisch von besonderer Bedeutung. Sie ist die größte der Stadtkirchen, von denen heute nur noch sie und die Thomaskirche stehen, während die Matthäikirche und die Paulinerkirche den Zerstörungen des Kriegs beziehungsweise des DDR-Regimes zum Opfer fielen. Die Stadtkirche ist dem Schutzheiligen der Kaufleute gewidmet und entstand im 12. Jahrhundert. Anfang des 16. Jahrhunderts wurde sie zur spätgotischen Hallenkirche erweitert und erhielt Ende des 18. Jahrhunderts ihre heutige frühklassizistische Innenraumfassung durch den Leipziger Baudirektor Johann Carl Friedrich Dauthe. Im Herbst 1989 gewann die Nikolaikirche außerordentliche Bedeutung für den gesellschaftspolitischen Wandel durch die Friedensgebete und die Montagsdemonstrationen, die zum Fall des DDR-Regimes führten; in zahlreichen Dokumentationen und künstlerischen Werken sind die Ereignisse um die Nikolaikirche dargestellt.

Der Bau wurde im letzten Drittel des 12. Jahrhunderts als romanische Basilika begonnen, wovon noch Teile des Westportals und Fundstücke in der Nordsakristei zeugen. Im 14. Jahrhundert wurde der Chor nach Osten erweitert und die nördliche Sakristei errichtet. Im 15. Jahrhundert entstanden an der Nord- und Südwand jeweils Kapellenanbauten. Um 1513–25 wurde die kreuzförmige Basilika zu einer spätgotischen Hallenkirche unter Benedikt Eisenberg umgebaut. Das Westportal wurde 1555–60 von Paul Speck unter Leitung des Ratsherrn Hieronymus Lotter mit einem Mittelturm ausgestattet, der 1730/31 einen barocken Laternenabschluss von Johann Michael Senckeisen erhielt. Es folgten regelmäßig Umgestaltungen, bis 1784–97 Johann Carl Friedrich Dauthe dem Kircheninnenraum seine frühklassizistische Gestalt gab, die bis heute erhalten ist. 1859–66 wurde im Zusammenhang mit dem Neubau der Ladegast-Orgel als größte Kirchenorgel Sachsens auch die Orgelempore erweitert. Um 1901/02 entfernten Georg Weidenbach und Richard Tschammer Anbauten des 17. und 18. Jahrhunderts und gestalteten die Kapellenbauten neu.

Während das schlichte Äußere der Nikolaikirche mit Bruchstein- und Putzfassaden, Werkstein-Strebepfeilern und hohem Dach im Wesentlichen von der spätgotischen Epoche bestimmt ist, überrascht beim Betreten der Kirche die klare und detailreiche klassizistische Gestaltung im Innern. Dauthe hat mit seinem Entwurf für die Nikolaikirche einen der seltenen frühklassizistischen Sakralräume geschaffen, der aus der Umgestaltung des spätgotischen Bestands resultiert. Die markante Form und die dichte Folge der Säulen im dreischiffigen Hallenraum lenken den Blick nach oben, wo Palmwedel organisch in eine Kassettendecke überleiten. Durch den Einbau einer doppelgeschossigen Empore auf korinthischen Säulen gelang es Dauthe, den ursprünglich längsorientierten Hallenraum umlaufend so einzufassen, dass durch die nahezu quadratische Grundform eine zentrierte Raumwirkung erzeugt wird. Der langgestreckte Chorbereich setzt sich mit einem Torbogen vom Hallenraum ab und ist mit einer mächtigen Tonne überwölbt. Auf der gegenüberliegenden Westseite findet die weit ausladende Orgel auf Emporenhöhe ihren Platz.

Die Gestaltung Dauthes überlagert die spätgotische Gestalt im Innern durch geschickte Umgestaltung des Bestands. So wurden die achteckigen Pfeiler mit Hilfe von Stuckarbeiten in kannelierte Säulen umgewandelt, die nunmehr auf hohen Postamenten stehend, mit Kapitellen ausgestattet eine neue Proportion im Raum erzeugen und das gotische Aufwärtsstreben reduzieren. Die Säulen greifen das gotische Pfeilermotiv aufgemalter Palmblätter auf, indem es nun als feines Relief das Kapitell bildet und in den plastischen Palmwedeln der Decke weitergeführt wird. Das feingliedrige Sternennetzgewölbe wurde zu einer Kassettendecke mit akzentuierten Kappenflächen umgestaltet. Über dem schmalen Chor verdeckt eine abgehängte hölzerne Tonnenschale das gotische Netzgewölbe. Mit diesen Maßnahmen schuf Dauthe die rational tektonische Raumgestalt entsprechend dem klassizistischen Leitbild. Aus der gotischen Epoche erhalten und für den Besucher sichtbar geblieben sind unter anderem die Netzgewölbe im südlichen und nördlichen Seitenchor sowie die Nordsakristei mit ihrer feingliedrigen Mittelstütze. Die Farbigkeit des klassizistischen Kircheninnern ist von zarten Grün-, Rosé- und Weißtönen bestimmt und lässt den Raum heiter-festlich erscheinen. Wand- und Deckengemälde von Adam Friedrich Oeser sind in die architektonische Raumgliederung Dauthes integriert wie in der Vorhalle und in den Turmkapellen am Haupteingang, an Wänden und Decken des Langchores sowie am Hauptaltar mit der *Auferstehung Christi* und dem darüber befindlichen Deckengemälde *Friedensengel*, der in seiner Hand einen Palmzweig hält.

Die evangelische **Thomaskirche** (I F3; Thomaskirchhof) ◆ ist eine der beiden erhaltenen Stadtkirchen im Zentrum. Sie hat als wesentliche Wirkungsstätte von Johann Sebastian Bach und dem Thomanerchor eine besondere Bedeutung als Ort der Musik und findet international Aufmerksamkeit. Die dem Apostel Thomas gewidmete Kirche geht auf einen Bau aus dem 11. Jahrhundert zurück. Im Innern zeigt sich die Architektur der spätgotischen Hallenkirche, während der ursprünglich sehr schlichte Außenbau vom Historismus und der neogotischen Neugestaltung durch Constantin Lipsius geprägt ist.

1212 wurde das Augustiner-Chorherrenstift des Klosters St. Thomas in Leipzig durch Markgraf Dietrich von Meißen gegründet. Zum Kloster gehörte die Thomasschule, deren Schüler auch den liturgischen Gesang in der Klosterkirche übernahmen. So entstand der Thomanerchor, der als einer der ältesten Knabenchöre Deutschlands auf eine 800-jährige Tradition verweisen kann. Die bestehende romanische Kirche wurde 1212–22 zur Stiftskirche umgebaut. In den Jahren 1482–96 wurde das Hauptschiff abgebrochen und stattdessen eine spätgotische Hallenkirche errichtet, so dass quasi ein Neubau unter Claus Roder und Konrad Pflüger entstand. Der Hallenraum wurde deutlich vergrößert, so dass für den Bau des neuen Westportals die mittelalterliche Stadtmauer verlegt werden musste. Nach Einführung der Reformation in Sachsen 1539 und der Säkularisation des Klosters gingen Thomaskirche samt Schule und Chor in die Verwaltung des Rats der Stadt über. 1543 wurden die an der Nordseite gelegenen Klostergebäude (Klosterstraße) abgebrochen, und zehn Jahre später wurde auf der Südseite anstelle des alten Schulhauses eine größere Thomasschule errichtet. Beim Kirchenbau folgten einzelne Ergänzungen wie die Neuerrichtung des oberen Turmabschnitts 1537–40 durch Hans Pfretzschner und die Errichtung der Emporen aus Rochlitzer Porphyr 1570 in Formen der Hochrenaissance. 1702 wurde der Turm durch den Ratsmaurermeister Johann Gregor Fuchs mit einer barocken Haube ausgestattet. Der Kirchenraum war im 17. und 18. Jahrhundert durch eine reiche liturgische Ausstattung wie den Born'schen Altar von 1721 sowie eine Verdichtung von weiteren hölzernen Emporen, Gestühl und Kapellen geprägt. In dieser Gestalt erlebte Bach in den Jahren 1723–50 während seiner Zeit als 17. Thomaskantor die Kirche. Heute ist diese Ausstattung nicht mehr erhalten, denn analog zur Paulinerkirche erfuhr auch die Thomaskirche eine umfassende Neugestaltung Ende des 19. Jahrhunderts. Constantin Lipsius erarbeitete 1878–89 den Plan für die neogotische Gestaltung, wofür alle gotischen und renaissancezeitlichen Fassadenelemente und die barocke Innenausstattung entfernt wurden. Anstelle des ursprünglich schlichten Außenbaus erhielt die Westfront eine Vorhalle mit detailreich geschmücktem Portal aus Sandstein und Porphyr als neuem repräsentativen Eingang, der nicht mehr zur früheren Stadtmauer, sondern zu den neu angelegten Promenaden orientiert war. Auch der Ostchor und die Nordfassade mit dem Apostelportal sind Resultat der neogotischen Umgestaltung von Lipsius, während sich an der Südfront zum Kirchhof noch der spätgotische Zustand mit schlichten Sandsteinfassaden findet. Die Thomasschule und das Alumnat siedelten aufgrund von Platzmangel 1877–81 in Neubauten von August Friedrich Viehweger in das Bachviertel um. Die Alte Thomasschule, in der Bach als Thomaskantor samt Familie gewohnt hatte, wurde 1902 abgebrochen und durch den Neubau der historistischen Superintendentur ersetzt. In den Jahren 1961–69 wurde der Kircheninnenraum auf den Zustand der spätgotischen Hallenkirche in seiner hellen Farbigkeit und reduzierten Ausmalerei durch Elisabeth Hütter, Heinrich Magirius und Matthias Schulz zurückgebaut.

Die Gestalt der Thomaskirche ist durch das auffällig steile hohe Dach über dem Hallenlanghaus mit einer Firsthöhe von 45 Metern bestimmt, ihr markanter Turm hat eine Höhe von 68 Metern und ist asymmetrisch zwischen Ostchor und Langhaus positioniert. Seine ungewöhnliche Lage erklärt sich aus der städtebaulichen Orientierung der Thomaskirche zum Stadtinnern, da die Westseite früher an der Stadtmauer lag. Durch das additive Gestaltungsprinzip sind der Ostchor mit dem spitzbogigen Triumphbogen (Zeugnis der Stiftskirche), das Langhaus und das Eingangsportal auffallend unterschiedlich ausgebildet und durch Höhendifferenzen voneinander abgesetzt. Deutlich wird dies auch durch das Abknicken der Längsachse von Langhaus und langgestrecktem Ostchor, der bereits im 14. Jahrhundert entstanden war. Die dreischiffige Hallenkirche mit dem Rippennetzgewölbe ist ein eindrucksvolles Zeugnis der sächsischen Spätgotik im 15. Jahrhundert. Die heutige Farbigkeit mit roten Gewölberippen und reduzierter Ausmalung mit Ranken folgt der spätgotischen Fassung. Im Ostchor hängen die Bildnisse der seit 1540 amtierenden lutherischen Superintendenten; das älteste Bild stammt aus dem Jahr 1614 und zeigt den ersten Superintendenten (1540–73) Johannes Pfeffinger. Die Orgelmusik in der Thomaskirche ist bereits für das 14. Jahrhundert erwähnt und wechselnde Orgeleinbauten sind seit dem 16. Jahrhundert dokumentiert. Die Orgel aus der Zeit Bachs ist nicht mehr erhalten, denn während der neogotischen Umgestaltung erhielt die Thomaskirche 1889 die noch heute vorhandene romantische Sauer-Orgel auf der Westempore. Zum 250. Todestag von Johann Sebastian Bach wurde auf der Nordempore eine neue Bach-Orgel von Gerald Woehl installiert, deren Klang barocker Orgelmusik entspricht.

Die Thomaskirche hatte ursprünglich eine einfache Ornamentverglasung, künstlerisch gestaltete farbige Motivfenster wurden erst nach dem Umbau von 1889 im Chorraum und an der Südseite eingesetzt. Im Chorraum sind die Geburt, Anbetung, Taufe und Auferstehung Jesu sowie die Emmaus-Szene thematisiert; das kriegszerstörte Thomasfenster wurde 2000 von Hans-Gottfried von Stockhausen ersetzt. Die Fenster auf der Südseite des Langhauses sind historischen Persönlichkeiten und Ereignissen gewidmet wie (von Ost nach West) den Gefallenen des Ersten Weltkriegs (1929), König Gustav II. Adolf von Schweden (1893), Johann Sebastian Bach (1895), Martin Luther (1889), Felix Mendelssohn Bartholdy (1997), Kaiser Wilhelm I. (1889) sowie der Friedlichen Revolution (2009), deren Fenster von David Schnell zum 20-jährigen Jubiläum gestaltet wurde. An zentraler Stelle im Chorbereich findet sich seit 1950 das Grab von Johann Sebastian Bach. Ursprünglich war er auf dem Johannisfriedhof beigesetzt worden, erst 150 Jahre später erhielt er ein Ehrengrab in der Johanniskirche. Vor Sprengung und Rückbau der kriegszerstörten Johanniskirche 1949 wurde das Bach-Grab in die Thomaskirche überführt und hier zum 200. Geburtstag Bachs im Chorbereich nach dem Entwurf von Kunz Nierade mit einer Bronzeplatte angelegt, auf der sich schlicht Bachs Name findet. An ihn erinnern auch ein Denkmal auf der Westseite der Kirche in den Promenaden sowie ein Denkmal auf dem Thomaskirchhof.

Profanbauten

Das **Alte Rathaus** (I F3; Markt 1) ist einer der seltenen erhaltenen Renaissancebauten der Stadt. Es wurde 1556/57 nach dem Entwurf von Paul Speck und unter Leitung des Ratsherrn Hieronymus Lotter auf den Fundamenten eines früheren kleineren Rathausgebäudes errichtet. Der zweigeschossige Bau mit hohem Dach und regelmäßig angeordneten Zwerchhäusern erstreckt sich über zwei Drittel der östlichen Marktseite. Da der Rathausturm etwa auf der Mittelachse des Platzes positioniert ist, teilt er den Bau im asymmetrischen Verhältnis von zwei zu vier. Der Turm wurde 1744 erhöht und erhielt eine barocke Turmhaube von Christian Döring. Die Querfassaden sind mit markanten Staffelgiebeln gestaltet. Das Rathaus ist ein schlichter Putzbau, der durch regionalen Rochlitzer Porphyrtuff gestalterische Akzente erhielt, insbesondere in den Fenstergewänden und den Simsbändern. Ein umlaufendes Gesimsschriftband wurde 1672 nach einer Restaurierung aufgemalt, das, die Leistungsfähigkeit der Baumeister überhöhend, die Bauzeit des Rathauses mit wenigen Monaten von März bis November des Jahres 1556 angibt. Im Erdgeschoss wurden 40 Gewölbe eingebaut, die bis heute Ladengeschäften Platz bieten. Im ersten Obergeschoss wurde neben den Ratsstuben auch ein imposanter Festsaal eingerichtet. Das Rathaus hatte seine originäre Funktion

Das Alte Rathaus am Markt gehört heute zum Stadtgeschichtlichen Museum.

bis 1905 inne, bis der Rat der expandierenden Großstadt Leipzig das erheblich größere Neue Rathaus am Burgplatz bezog. 1905–09 übernahm Otto Wilhelm Scharenberg die Umgestaltung des Alten Rathauses zum **Stadtgeschichtlichen Museum**. Hierbei fanden umfassende Restaurierungen statt, bei denen das gesamte Dach abgetragen und neu aufgebaut wurde. Mit dem Bau von steinernen Arkaden aus Porphyr als Ersatz für die hölzernen Arkaden von 1672 wurde die Marktfassade repräsentativ gestaltet. Auch die Gesimsinschrift wurde mit werthaltigeren Messingletter gestaltet und im Durchgang vom Markt zum Naschmarkt entstanden zwei neue Brunnenanlagen. Die Gestalt des Alten Rathauses resultiert somit in Teilen aus der Neufassung des Renaisssancebaus des frühen 20. Jahrhunderts. In den oberen Etagen befinden sich Abteilungen des Stadtgeschichtlichen Museums mit den Dauerausstellungen »Leipzig Original. Von der Frühzeit bis zur Völkerschlacht« sowie »Moderne Zeiten. Von der Industrialisierung bis zur Gegenwart«.

Die **Alte Waage** (I F3; Markt 4) markiert die nordöstliche Ecke des Marktes. Ihre Renaissancefassade mit Volutengiebel und Porphyrgesimsen verbindet sich mit der Gestaltung des benachbarten Alten Rathauses, dessen Werkmeister Paul Speck unter Leitung des Ratsherrn Hieronymus Lotter 1555 auch diesen Bau errichtete. Die Sonnenuhr im Giebel verweist auf die besondere Bedeutung der Ratswaage, die, bis zur Errichtung einer neuen Waage außerhalb des Stadtzentrums um 1820, den zentralen Ort für den Warenverkauf der Leipziger Messe darstellte, denn es galt die Waagepflicht mit Zollabgaben. Mit seiner Längsfassade erstreckt sich der Bau an der Katharinenstraße und zeigt hier einen andersartigen Ausdruck, der auf den Wiederaufbau des im Krieg völlig zerstörten Gebäudes 1964 durch den Architekten Wolfgang Müller verweist. An dieser markanten Situation wurde in den frühen sechziger Jahren nicht mit programmatisch industrieller Bauweise reagiert, sondern bemerkenswert subtil Tradition und Moderne miteinander verknüpft. Während die Fassade der oberen drei Geschosse einen modernen Rahmenbau zeigt, werden in Anlehnung an die rekonstruierte Marktfassade auch hier der traditionelle Rochlitzer Porphyrtuff und das Rundbogenmotiv im Erdgeschoss weitergeführt.

Anstelle mehrerer kleinteiliger Häuser bebaute Emil Franz Hänsel die Ecke von Markt und Barfußgässchen 1913 mit einem repräsentativen Geschäftshaus, dem **König-Albert-Haus** (I F3; Markt 9). In seiner Gestaltung mit schlichten Ornamenten wird der Übergang vom Historismus zur Reformarchitektur deutlich. Das Erd- und Obergeschoss sind durch eine auffällig detailreiche Verkleidung aus dunkel glasierter Keramik gestaltet, in die figürliche Darstellungen intergiert sind. Auch beim obersten Vollgeschoss sind die Fensteröffnungen von Stuckfiguren gerahmt. Auf der Hofseite entsteht durch die helle Keramikplattenbekleidung trotz der räumlichen Enge ein heiter-freundlicher Raum. Im Innern zeigt sich die weitspannende Stahlbetonkonstruktion des Baus unverhüllt und erlaubt eine freie Einteilung der großen Geschäftsräume sowie der Gastronomieräume im Erdgeschoss. Ursprünglich verwiesen im Innenhof Wandfriese von Otto Gussmann auf Stationen aus dem Leben des ab 1873 regierenden Königs Albert von Sachsen; allerdings sind sie nicht mehr vorhanden.

Das **Untergrundmessehaus** (I F3; Markt 1) war eine außergewöhnliche Halle der renommierten Mustermesse, die 1924 unterhalb des Leipziger Marktes errichtet wurde. Anfang der zwanziger Jahre war die Messe derart ausgebucht, dass eine große Anzahl von Ausstellern keinen Stand in den Messehäusern mehr bekommen konnte. So wurde ganz pragmatisch eine Holzmessehalle von 80 × 40 Metern auf dem Marktplatz errichtet. Während die innerstädtische Lage viele Vorteile brachte, störte jedoch die Holzbaracke das Gesamtbild des Marktes. Daher errichtete die Messegesellschaft die weltweit erste unterirdische Messehalle. Das Eingangsbauwerk an der Südseite des Marktes entwarf der Architekt Otto Droge mit einer zweiläufigen Treppenanlage und einem Eingangsportal aus Rochlitzer Porphyrtuff. Über dem Eingang findet sich in schmiedeeisernen sachlichen Lettern der Schriftzug »Untergrundmesshalle Markt« aus der Erbauungszeit. Jahrzehnte später, 1979, schuf Frank Ruddigkeit ein Relief mit dem Titel *Historische Ereignisse auf dem Marktplatz*, das an der Steinbrüstung installiert ist. Seit 2013 ist das Eingangsbauwerk nicht mehr Zugang für die Untergrundmesse, sondern Zugang zur **City-Tunnel-Station Markt**.

Das **Königshaus** (I F3; Markt 17) ist ein Renaissancegebäude aus dem 16. Jahrhundert, das 1706/07 von dem Baumeister Johann Gregor Fuchs zum barocken Stadtpalais umgestaltet wurde. Seinen heutigen Namen erhielt der

Bau 1904 im Rahmen der Umwandlung zu einem vornehmen Geschäftshaus, da es dem sächsischen König August dem Starken während seiner Leipzig-Aufenthalte Residenz war; später waren auch der russische Zar Peter der Große und der preußische König Friedrich der Große zu Gast. Zuvor trug es den Namen seines Besitzers der Barockzeit, des Großkaufmanns Andreas Dietrich Apel. Die von Fuchs gestaltete Fassade weist reduzierte Akzente auf. Das Zierstück ist der mittige Erker, der auf einer Muschelkonsole ruht, durch ionische, korinthische und Kompositpilaster in den einzelnen Etagen differenziert ist und mit einem Balkon abschließt. Beidseitig des Erkers sind die Viertelachsen betont durch Segment- und Dreiecksgiebelverdachungen der Fenster. Das Hauptgesims wurde ursprünglich mit einer Balustrade als horizontalem Gegengewicht zur Erker- und Giebelachse hervorgehoben. 1916 wurde der Bau von Gustav Pflaume zum Messehaus umgestaltet, dabei wurden die Seiten- und Hintergebäude abgebrochen sowie die Dachattika und -erker durch ein schlichtes Satteldach ersetzt. Curt Schiemichen baute 1932 eine Passage ein, die ursprünglich zur Petersstraße führte. Im Rahmen einer bemerkenswerten Rekonstruktion der barocken Frontfassade 1965–67 wurde die Königshaus-Passage mit der neuen Messehof-Passage verbunden.

Die **Mädler-Passage** (I F/G3; Grimmaische Straße 2/4, Neumarkt 14) ist die prägnanteste Passage Leipzigs, die 1914 als repräsentatives Messehaus entstanden ist. Der Bau ist im Geschäftshausstil des frühen 20. Jahrhunderts gestaltet mit großzügig verglasten Sandstein- und Putzfassaden, die sich von den Straßenseiten ins Passageninnere fortsetzen. War die Passage als Bautyp des 19. Jahrhunderts durch filigrane Eisen-Glas-Konstruktionen im Kontrast zu steinernen Bauten bestimmt, konzipierte der Architekt Theodor Kösser die Überdachung hier in Eisenbeton, so dass sie sich mit den Innenfassaden gestalterisch zu einem Gesamtraum verbindet. Der Passagenraum weist angenehme Pro-

Die Mädler-Passage ist eine der eindrucksvollsten Passagen Leipzigs.

portionen auf, da er bereits auf Höhe des zweiten Obergeschosses durch das Beton- und Glasbausteindach seinen Abschluss findet und die beiden obersten Etagen darüber hinausragen. Am Eingang der Mädler-Passage machen die zwei Bronzefigurgruppen *Mephisto und Faust* und *Verzauberte Studenten* des Bildhauers Matthieu Molitor auf den Eingang zur Gaststätte **Auerbachs Keller** aufmerksam. Die straßenseitigen Gewölbekeller stammen aus dem 1530–38 errichteten Vorgängerbau Auerbachs Hof, in dem der Eigentümer Dr. Heinrich Stromer von Auerbach seinerzeit eines der größten Weinlokale führte. Der Hof erstreckte sich von der Grimmaischen Straße bis zum Neumarkt und bot 100 Messeständen Platz. Im 18. Jahrhundert hatte sich der erweiterte Handelshof als Palais-Royal Leipzigs und damit als Ort der Repräsentation etabliert. Ein Zeugnis dieser Zeit ist das barocke Deckenfresko *Helios im Sonnenwagen* von Johann Heinrich Richter, das beim Umbau 1914 in einen Geschäftsraum zur Neumarktseite integriert wurde. Nachdem 1895 die Leipziger Warenmesse in eine Mustermesse umgewandelt worden war, verlor der Hof seine Bedeutung und verfiel. 1911 erwarb der Lederwarenfabrikant Anton Mädler das Grundstück, um hier ein repräsentatives Messehaus errichten zu lassen. Nach großem Protest der Leipziger blieb der historische Gewölbekeller mit der Weinschenke erhalten, der mit Goethes Szene im *Faust I* unvergänglich in die Weltliteratur einging. Die historischen Weinstuben »Goethe-Keller« (mit zwei Faust-Gemälden, 1625, Andreas Brettschneider), »Fasskeller« und »Lutherstübchen« zur Grimmaischen Straße ließ Mädler aufwendig sichern und rückwärtig durch einen neuen hallenartigen »Großen Keller« erweitern. 1950 wurde die Verbindung von Mädler-Passage zur Petersstraße mit der neu errichteten Messehof-Passage hergestellt. Mitte der neunziger Jahre erfuhr die Mädler-Passage eine umfangreiche Sanierung und bietet nun neben dem Kellerrestaurant Raum für Ladengeschäfte, Büroräume und ein Kabaretttheater.

Die **Alte Börse** am Naschmarkt (I G3) entstand als einer der ersten Barockbauten Leipzigs 1678–87. Der Entwurf für das Versammlungshaus der Leipziger Kaufleute wird dem Dresdener Baumeister Johann Georg Starcke zugeschrieben, die Ausführung übernahm Christian Richter. Der Eingang zum weiträumigen Börsensaal im Obergeschoss ist mit einer einladend zweiläufigen Treppenanlage inszeniert und zugleich mit einer Balustrade vom Naschmarkt abgesetzt. Die Fassaden des blockhaften Baus sind umlaufend prächtig mit farblich hervorgehobenen Stuckgirlanden auf ionischen Pilastern und mit Festons über den Fenstern geschmückt, so dass sich die Börse gegenüber dem schlichten Renaissance-Rathaus eigenwillig absetzt. Die Ecken der Dachbalustrade sind mit Figuren der römischen Gottheiten Apollo, Merkur, Minerva und Venus akzentuiert. Nachdem 1886 die Neue Börse am Tröndlingring fertiggestellt wurde, verlor die kleine Handelsbörse ihre ursprüngliche Funktion. Otto Wilhelm Scharenberg führte nicht nur die Umgestaltung des benachbarten Alten Rathauses aus, sondern konzipierte 1905–09 auch die Alte Börse als Veranstaltungssaal. Dabei entfernte er die 1816 ausgeführten Umbauten von Johann Carl Friedrich Dauthe und rekonstruierte den barocken Zustand weitgehend. Auch die Alte Börse gehört zum Stadtgeschichtlichen Museum.

Der **Naschmarkt** (I G3) wurde 1903 neugestaltet und erhielt durch die Aufstellung des **Goethe-Denkmals** von dem Bildhauer Carl Ludwig Seffner einen neuen Akzent. Es stellt den 1765–68 in Leipzig studierenden Johann Wolfgang Goethe überlebensgroß dar mit Blick auf den gegenüberliegenden Auerbachs Keller. Zur Grimmaischen Straße wird der Naschmarkt durch den **Löwenbrunnen** (1918) von Hugo Licht begrenzt; die Löwenfiguren aus Bronze stammen von einer früheren Brunnenfassung, die auf Johann Gottfried Schadow zurückgeht.

◆ Der Neubau der **Universität Leipzig** (I G3/4; Augustusplatz 10) verweist auf den Entstehungskontext der Al-

Augustusplatz mit Gewandhaus, City-Hochhaus und Universität

ma Mater Lipsiensis und ihren Sitz im säkularisierten Paulinerkloster, da die neue Fassadenfront zum Augustusplatz die Universitätskirche St. Pauli zitiert. Das Neue Augusteum und Paulinum bilden die repräsentative Platzansicht des innerstädtischen Universitätscampus, der sich mit mehreren Gebäuden über das gesamte Karree bis zur Universitätsstraße erstreckt. Anlässlich des 600-jährigen Jubiläums 2009 wurde die zweitälteste Universität Deutschlands an ihrem historischen Standort über mehrere Jahre neu- und umgebaut und als eines der markantesten Beispiele des nachwendezeitlichen Stadtumbaus bis 2017 fertiggestellt.

Die Gründung der Leipziger Universität erfolgte im Jahr 1409 durch Lehrkräfte und Studenten der Prager Karls-Universität, die nach dem Kuttenberger Dekret Prag verlassen und in Leipzig wohlwollend Aufnahme gefunden hatten. Ihr erster Sitz war in einem Haus in der Petersstraße; bald schon etablierte sich die Universität in der Stadt mit einzelnen Kollegien im Bereich der Ritterstraße. Durch die Überlassung des säkularisierten Dominikanerklosters mit der Klosterkirche St. Pauli 1543 erhielt die Universität zu Beginn der reformatorischen Zeit mit dem *Collegium Paulinum* einen markanten Standort in der Stadt. Mit der Umgestaltung des ehemaligen Stadtwalls zum Promenadenring um 1830 veränderte sich ihre Ostseite, denn es entstand der repräsentative Platz vor dem Grimmaischen Tor, seit 1839 Augustusplatz, an dem Kulturbauten wie das Neue Theater und Bildermuseum errichtet wurden. Vor diesem Hintergrund wurden auch die platzwärtigen Klosterbauten 1831–36 durch ein neues Hauptgebäude ersetzt, das als Augusteum dem ersten König von Sachsen, Friedrich August I., gewidmet war. Den Entwurf verfasste der junge Baumeister Albert Geutebrück, der seine Pläne zu einem palastartigen Universitätsbau mit Karl Friedrich Schinkel abstimmte. Nach seiner Korrektur wurde eine klassizistische Gestaltung ausgeführt mit Mittelportikus und schlichten Fassaden, die nur sparsam Schmuck zeigten; ein Zeugnis dieser Epoche ist mit dem hofseitig aufgestellten **Schinkel-Portal** bis heute erhalten. Geutebrück gestaltete 1838 auch die Platzfassade der Universitätskirche neu, um dem Ostchor eine adäquate Gestalt zum repräsentativen Platz zu geben. An der nördlichen Seite der Universitätskirche wurde das Ensemble seit 1835 durch ein Caféhaus des Konditors Felsche ergänzt, dessen Gestaltung sich an dem klassizistischen Augusteum orientierte. Rund sechzig Jahre später herrschte wegen wachsender Studentenzahl erheblicher Platzmangel, so dass die Erweiterung der Universität erfolgte. Arwed Roßbach ergänzte das Augusteum durch Anbauten mit dem Albertinum und Johanneum und ersetzte die ehemaligen Klosterbauten an der Universitätsstraße durch einen Neubau. Im Rahmen dieser umfangreichen Baumaßnahmen von 1891 bis 1899, die Ende des 19. Jahrhunderts mit den allgemeinen Umbauaktivitäten im Stadtzentrum einhergingen, führte Roßbach auch die Umgestaltung der Schinkel'schen Augusteumsfassade in historistischer Neorenaissance-Fassung aus. Zugleich gab er der Universitätskirche eine neogotische Fassung in Anlehnung an den gotischen Dom von Orvieto; die Fensterrosette und das Spitzbogenfenster dieser Fassung werden in der heutigen Paulinum-Fassade zitiert. 1908 entschied die Stadt sich, das **Leibniz-Denkmal** für den in Leipzig geborenen Philosophen und Wissenschaftler vom Thomaskirchhof in den Universitäts-Innenhof zu versetzen, wo es sich bis heute befindet.

Nach 1945 wurden die im Krieg teilzerstörten Gebäude zunächst gesichert und der Universitätsbetrieb bald wieder aufgenommen, ab 1953 führte die Universität den Namen »Karl-Marx-Universität Leipzig«. Anlässlich des bevorstehenden 20. Jahrestages der DDR beschloss das Politbüro des ZK der SED den Neubau einer sozialistischen Universität Leipzig. Hermann Henselmann verfasste den Entwurf zu einer neuen Anlage mit Audimax, Hauptgebäude, Bibliothek, Hörsaal- und Seminargebäude sowie einem Universitätshochhaus als Turmdominante. Am 30. Mai 1968 veranlasste das SED-Regime gegen den ohnmächtigen Protest der Leipziger Bürger die Sprengung und den Abbruch der intakten Universitätskirche St. Pauli und der nur teilzerstörten Gebäude Augusteum, Albertinum und Johanneum. Aus der Universitätskirche konnte zuvor nur ein geringer Teil der Ausstattung wie Epitaphien, Bildwerke, Grabplatten und der Altar geborgen werden, die nach jahrzehntelanger Zwischenlagerung in die heutigen Universitätsneubauten integriert sind.

Der Henselmann'sche Entwurf wurde in den Jahren 1968–78 durch das Kollektiv um Helmut Ullmann und Horst Siegel mit Eberhard Göschel, Volker Sieg, Rudolf Skoda u. a. realisiert; anstelle des geplanten Auditorium Maximum entstand allerdings 1981 das Neue Gewandhaus. Der Universitätsturm setzte mit seiner Höhe von 142 Metern einen städtebaulichen Akzent am damaligen Karl-

Marx-Platz im Sinne der plastisch-zeichenhaften Architektur. Ein besonderes Bildzeichen erhielt die Platzfront des Hauptgebäudes durch die Installation des Bronzereliefs *Aufbruch* mit großformatigem Karl-Marx-Kopf von Rolf Kurth, Frank Ruddigkeit und Klaus Schwabe; nach seiner Demontage wurde es 2008 auf dem Campus Jahnallee aufgestellt.

Bald nach der politischen Wende führte die Universität Leipzig 1991 wieder ihren Namen Alma Mater Lipsiensis ein und es begannen die Planungen zur erforderlichen Modernisierung und Neugestaltung des innerstädtischen Campus. Nach der Privatisierung wurde der Universitätsturm 1999–2002 als **City-Hochhaus** (I G4) mit einer steinernen Fassade von Peter Kulka neugestaltet und erhielt mit dem **MDR-Kubus** einen Sockelbau, der dem Sinfonieorchester und Rundfunkchor des MDR ein Studio für Proben und Aufnahmen bietet. Zum Jubliäumsjahr 2009 wurden die Universitätsbauten nach dem Entwurf der Architekten Martin Behet, Roland Bondzio, Yu-Han M. Lin neugestaltet, so dass eine neue **Mensa am Park** (I G4; Universitätsstraße 5) und ein Institutsgebäude an der Grimmaischen Straße realisiert und Bestandgebäude wie die Bibliothek und das Hörsaal- und Seminargebäude aufwendig saniert wurden. Der Entwurf des **Neuen Augusteums** und **Paulinums** (I G3) von Erick van Egeraat wurde nach einer kontroversen Debatte zur Rekonstruktion oder Neugestaltung der Universitätskirche St. Pauli zur Ausführung bestimmt (2005–17). Er sollte eine zeitgemäße Neuinterpretation der willkürlich gesprengten Kirche ermöglichen und in seinem Ausdruck eine Erinnerungshaltung berücksichtigen. Das Paulinum dient als Aula und Universitätskirche und bietet in den oberen Etagen Räume für die Fakultäten Mathematik und Informatik. In seiner zeichenhaften Sprache tritt es gegenüber dem abstrakt gestalteten Augusteum und Felsche-Bau als gestalterische Dominante am Augustusplatz hervor. Im Innern des Paulinums wurde die Gestalt der früheren gotischen Hallenkirche zum Thema der Rauminszenierung: Säulen und Rippengewölbe aus porzellanähnlichem Gipsguss und Glas wurden nachempfunden. Der vor der Sprengung geborgene gotische Flügelaltar (um 1500) mit seinen Tafelbildern und seinem aufwendigen Schnitzwerk konnte 1983 restauriert und als Leihgabe 1984–93 sukzessive in der Thomaskirche errichtet werden; 2014 wurde er in das Neue Paulinum überführt.

Das **Kroch-Hochhaus** am Augustusplatz (I G3; Goethestraße 2) wurde 1927/28 als erstes Hochhaus der Stadt für die von Martin Samuel Kroch 1877 gegründete Privatbank errichtet. Der Bankier Hans Kroch beauftragte den im Wettbewerb prämierten Entwurf des traditionalistischen Architekten German Bestelmeyer. Die Turmhöhe von rund 43 Metern orientiert sich an der Giebelhöhe der Paulinerkirche. Während die mit Kalkstein bekleidete Platzfassade dem Renaissance-Vorbild des venezianischen Uhrenturms Torre dell'Orologio von 1499 folgt, ist die Rückseite modern gestaltet und mit bandartigen Fenstern großzügig geöffnet. Da das Hochhaus zwischen dem **Königsbau** (1911) von August Hermann Schmidt und Arthur Johlige und der **Dresdener Bank** (1911) von Martin Dülfer errichtet wurde, sind die Querseiten geschlossen ausgebildet. Die Platzseite zeigt über dem Haupteingang und Durchgang der Theaterpassage eine regelmäßig gestaltete Lochfassade, die im Bereich der oberen Etagen mit zwei Löwenreliefs, einer Mondphasenkugel und einer geschosshohen Turmuhr geschmückt ist. Auf dem Dach sind zwei überlebensgroße Glockenmänner von Josef Wackerle installiert, die drei Glocken schlagen. Ihr Sockel trägt die Inschrift »Omnia vincit labor« – »Arbeit überwindet alles«. Während der völkisch gesinnte Bestelmeyer unter den Nationalsozialisten als Reichskultursenator Karriere machte, wurde der Bauherr Hans Kroch in der Pogromnacht 1938 verhaftet, später verschleppt, enteignet und musste emigrieren. Seine Frau Ella ermordeten die Nationalsozialisten im Konzentrationslager nach einem Fluchtversuch. Das Kroch-Hochhaus wird heute durch die Universität genutzt, in der ehemaligen Bankschalterhalle befindet sich die Ausstellung des Ägyptischen Museums, das vom Ägyptologischen Institut geleitet wird.

Das **Opernhaus** (I G3; Augustusplatz 12) entstand 1956–60 nach dem Entwurf von Kurt Hemmerling und Kunz Nierade in Anlehnung an die spätklassizistische Gestalt seines im Krieg zerstörten Vorgängerbaus. Die Leipziger Oper hat eine rund 300-jährige Tradition, denn bereits 1693 eröffnete das erste Musiktheater am Brühl. 1766 errichtete die Stadt einen Neubau als Comödienhaus am heutigen Richard-Wagner-Platz und führte es 1817 nach Umbauten als Theater der Stadt Leipzig. Ein zweites Bühnenhaus entstand 1864–68 als Neues Theater in spätklassizistischer Formensprache von Carl Ferdinand Langhans auf dem Schneckenberg der Promenaden und wurde von 1912 an als Opernhaus genutzt, bis es im Zweiten Weltkrieg Bomben zum Opfer fiel. Spuren des früheren Langhans-Baus finden sich an der Westseite der Oper, wo eine geborgene Giebelfigurengruppe aufgestellt ist. Nach längeren Vorplanungen wurden der Architekt Nierade und der Theaterbauer Hemmerling 1954 für den Entwurf eines Opernhauses beauftragt, das nach dem Leitbild der »Nationalen Tradition« in neoklassizistischer Form entstehen sollte. Nach einem Paradigmenwechsel mit dem Ende der Stalin-Ära und den Neuerungen durch Chruschtschow musste 1956 eine Entwurfsüberarbeitung im Sinne einer Versachlichung erfolgen, so dass die Plastizität und der figürliche Bau- schmuck erheblich reduziert wurden. Zur Einweihung des Neubaus in der ideologisch-gestalterischen Übergangszeit war die Rezeption äußerst kritisch, heute allerdings erfährt das Opernhaus hohe Wertschätzung als erstes Musiktheater, das in der DDR neu errichtet wurde. 2007 sanierten es Angela Wandelt und HPP Architekten umfassend und denkmalgerecht. Der platzseitige Haupteingang tritt mit einem Loggienportikus und einer Treppenanlage plastisch hervor. Der Entwurf folgt dem klassischen Theaterbau, indem der gestaffelte Baukörper die unterschiedlichen Funktionsbereiche nachzeichnet wie die Besucherfoyers, den Zuschauerraum und das Bühnenhaus. An der Ost- und Westseite markieren zwei Risalite die Nebeneingänge zu den Probebühnen sowie zu den Darsteller- und Verwaltungsräumen. Die Nordfassade ist durch Eckrisalite und eine vorgelagerte Terrasse mit Freitreppen stärker gegliedert und öffnet sich zum Schwanenteich in den Promenaden. Die Fassaden sind mit hellem Pirnaer Elbsandstein gestaltet und mit goldfarbig eloxiertem Aluminium für Fenster- und Türrahmen ausgestattet. Eine feine Profilierung deutet Pilaster und Gesimse an, so dass eine regelmäßige Baukörpergliederung entsteht. In den Brüstungsfeldern finden sich Flachreliefs von Walter Arnold. Sie zeigen abwechselnd Theatersymbole und Staatsembleme der DDR, vermitteln also politische Inhalte und schmücken den Bau gleichzeitig. Vergoldete Tauben bilden als Eckakroterien den Abschluss des Dachgesimses und sind als Friedenssymbole zugleich gesellschaftlich relevant. Besonders nachts entfaltet die Oper Glanz und Festlichkeit durch eine konsequente Lichtgestaltung, die für die Illusionswirkung des Theaterbaus essentiell ist. Unterschiedliche Leuchtenformen sind aus einem vegetabilen Motiv, einer Pusteblume, entwickelt und zeigen diese Pflanze in unterschiedlichen Entwicklungsstadien: Knospenähnlich in der Garderobenhalle, im Parkettfoyer aufgeblüht mit erkennbaren Dolden, mit davonfliegenden Schirmchen bei den großen Kronleuchtern im Rangfoyer, und in den Treppenhäusern finden sich die Samenkapseln. Die weitläufigen Innenräume sind vom Vestibül über die Foyers bis zum Theatersaal hochwertig ausgestattet mit Säulenbekleidungen aus Meißener Porzellanfliesen, Wandvertäfelungen aus Schweizer Birnbaum, weinroten Teppichen, dunklen Diabas-Steinböden sowie Wänden und Ornamenten in Goldfarbtönen. Die elegant geschwungenen Treppenhäuser bilden einen spannungsvollen Kontrast zum klassizistischen Äußeren. Im Foyer zeigt die polychrome Decke teilweise figürliche und teilweise gemalte Ornamente von Hans Kinder. Der Saal (1267 Plätze) ist mit Riegelahorn an den Wänden und gold-rot-silber-farbenen Ornamenten an der kassettierten Decke ausgestattet; seine Gestaltung ist strukturell abstrakt, so dass ein elegant-sachlicher Ausdruck ohne zusätzliches Ornament oder Bildmotiv die Konzentration auf das Bühnengeschehen unterstützt.

♦ Das **Neue Gewandhaus** (I G4; Augustusplatz 8) entstand 1976–81 als räumliches Pendant zur Oper. Ursprünglich befand sich an dieser Stelle das Bildermuseum von 1858, das im Krieg stark zerstört und 1962 zugunsten der Planungen für das neue Universitätsareal abgetragen wurde. Nachdem jedoch der Kostenrahmen der Universität überstiegen worden und zugleich das kriegszerstörte Concerthaus im Musikviertel nicht mehr zum Wiederaufbau vorgesehen war, entschied die Stadt, ein Neues Gewandhaus am Augustusplatz zu errichten. Dabei hatte der 1970–96 erfolgreich amtierende Gewandhauskapellmeister Kurt Masur wesentlichen Einfluss auf die Entwicklungen. Das Orchester nahm für die Musikstadt seit seiner Gründung im namengebenden Gewandhaus Kupfergasse (heute Universitätsstraße) eine zentrale Stellung ein. 1781 hatte Johann Carl Friedrich Dauthe hier einen klassizistischen Konzertsaal eingebaut, in dem der Kapellmeister Felix Mendelssohn Bartholdy konzertierte und 1843 das Leipziger Konservatorium begründete. 1884 wurde ein größeres repräsentatives Concerthaus im Musikviertel nach dem Entwurf der Berliner Architekten Martin Gropius und Heino Schmieden errichtet, das im Zweiten Weltkrieg stark zerstört und 1968 vollständig abgetragen wurde. Schon bald darauf begann ein rund zehnjähriger Planungs- und Bauprozess für das Neue Gewandhaus, das der einzige reine Konzerthausneubau der DDR ist. Seine Gestalt wurde von dem Planungskollektiv Eberhard Göschel, Volker Sieg, Rudolf Skoda und Winfried Sziegoleit entwickelt und ist bis heute weitgehend unverändert als eines der seltenen Spätmodernebeispiele Leipzigs erhalten. Mit expressiv-dominanter Geste tritt der polygonale Große Saal aus einem flachen, dreigeschossigen Baukörper hervor. Das Gebäude ist im Kontext des entstehungszeitlichen Universitätsareals als skulpturaler Kulturbau entworfen und als das Vis-à-vis der Oper ein Verweis auf die veränderte Architektursprache der siebziger Jahre. Während drei Fassadenseiten mit Sandstein gestaltet sind, öffnet sich die Frontfassade mit einer großen Glasfläche zum Platz. Sie gibt Einblick in das Foyer und die Wandelhallen und vermittelt damit das allabendliche Kulturgeschehen bis in den öffentlichen Raum. Zugleich wird hier das Monumentalbild *Gesang des Lebens* von Sighard Gille präsentiert, das Motive aus Gustav Mahlers *Lied von der Erde* aufgreift. Das Bildwerk ist nicht wie üblich an der Fassade installiert, sondern erstreckt sich über die Saalunterseiten mit einer Fläche von rund 700 Quadratmetern und ist damit eines der größten zeitgenössischen Deckengemälde. Der Große Saal für rund 1900 Publikumsgäste orientiert sich in seiner polygonalen Grundkonzeption mit terrassierter Anordnung der Ränge an der Scharoun'schen Philharmonie und dem Rotterdamer Konzerthaus De Doelen. Der Saal hat eine hervorragende Akustik und ist mit einer großen Schuke-Orgel ausgestattet, die rund 6700 Pfeifen besitzt. Ihr Prospekt trägt die Inschrift »Res severa verum gaudium« (»Wahres Vergnügen ist eine ernste Sache«, aber auch: »Eine ernste Sache ist wahres Vergnügen«), ein Motiv des römischen Philosophen Seneca (»Mihi crede, verum gaudium res severa est«; *Epistulae Morales* 23), das seit 1781 Leitspruch des Gewandhauses ist. Ein weiterer kleiner Saal dient als Kammermusiksaal für 500 Besucher und wurde 2003 nach Felix Mendelssohn Bartholdy benannt. In seinem Foyer stand ursprünglich die Beethoven-Plastik von Max Klinger als Leihgabe des Museums der bildenden Künste, wo sie nach der Fertigstellung des Neubaus in einem eigens geschaffenen Klingersaal aufgestellt wurde. An ihrer Stelle wurde 2003 im Gewandhausfoyer die Mendelssohn-Bronzeskulptur von Jo Jastram installiert, die seit Anfang der neunziger Jahre vor dem Haus stand. Die Kunst im Bau nimmt auch in den Wandelgängen eine besondere Bedeutung ein, so findet sich in der 2. Etage eine Bildergalerie, für die 14 zeitgenössische Maler großformatige Bildwerke zum Thema Musik schufen wie Arno Rink *Musikstillleben*, Ronald Paris *Marsyas und Apollon*, Frank Ruddigkeit *Musik und Zeit* und Willi Sitte *Rock-Sänger*.

Auf der Südseite des Thomaskirchhofs (I F3) wurde 1908 das Bach-Denkmal von Carl Seffner aufgestellt, nachdem das 1883 hier platzierte Leibniz-Denkmal zum Paulinum der Universität umgesetzt worden war. Auf einem hohen Sandsteinsockel steht die überlebensgroße Bronzeskulptur, die Bach mit Notenrolle in der Hand in die Ferne schauend vor einer Orgel darstellt. Auf der Rückseite des Denkmals findet sich eine Reliefdarstellung der Alten Thomasschule und der Verweis auf den Wohnsitz Bachs in den Jahren 1723–50, den der Thomaskantor mit seiner Familie im Schulhaus hatte. Der Bildhauer Seffner war 1895 an der Identifizierung der Gebeine Bachs in der Johanniskirche durch den Anatomieprofessor Wilhelm His beteiligt gewesen. Die ehemalige Superintendentur, heute Thomashaus (Thomaskirchhof), ersetzte 1904 den Bau der Alten Thomasschule. Georg Weidenbach und Richard Tschammer entwarfen das historistische Gebäude in den Formen der Neogotik und Neorenaissance, das zunächst als Superintendentur diente und heute als Thomashaus vom Pfarramt der St.-Thomas-Gemeinde, vom Förderverein Thomaskirche und von der Chorherrenstiftung zu St. Thomas genutzt wird. Seit 2003 wird es durch einen anspruchsvollen filigranen Glasbau als Thomasshop von

HPP Architekten ergänzt, der anstelle eines früheren provisorischen Souvenirshops an dem stark besuchten Thomaskirchhof entstand.

Das **Bosehaus** (I F3; Thomaskirchhof 15/16), Wohn- und Handelshaus von Georg Heinrich Bose, geht auf einen Renaissancebau von 1586 zurück und wurde zur Barockzeit 1709–11 durch Nikolaus Rempe umgebaut. Das Bürgerhaus erhält heute vor allem aus musikhistorischen Gründen besondere Aufmerksamkeit, denn Johann Sebastian Bach war regelmäßig Gast beim befreundeten Bose gewesen. Bose hatte den Innenhof anstelle der früheren Fachwerkbauten durch steinerne Neubauten einfassen lassen, dabei richtete er im Hinterhaus einen großzügigen Sommersaal ein, in dem auch Bach konzertierte. Dieser Saal ist mit einem höhenverstellbaren Musikhimmel und einer Empore ausgestattet, von der bis zu 12 Musiker den Saal zum Klingen bringen können. 1859 erfolgte ein klassizistischer Umbau durch Karl F. W. Heinold, wobei das Vorderhaus um ein Geschoss erhöht und im Erdgeschoss Läden eingebaut wurden. Nach mehrfachem Nutzungswechsel (Kunstsammlung Johann Zacharias Richter und Musikinstrumentensammlung Paul de Wit) ist das Haus seit 1985 Sitz des **Bach-Archivs**, das als Forschungs- und Dokumentationsstelle zu Leben und Werk des Musikers 1950 begründet worden war, sowie des **Bach-Museums**. Das historische Gebäudeensemble wurde 2008–10 durch Gregor Fuchshuber saniert und erhielt rückwärtig einen Erweiterungsbau, in dessen klimatisierten Museumsräumen nun originale Bach-Handschriften präsentiert werden können. In den weiteren Ausstellungsräumen werden auf drei Etagen Leben und Werk anhand von Audiokabinetten, Klangräumen, einem Forschungslabor und virtuellen Spaziergängen im historischen Leipzig von 1723 vermittelt.

Auf dem **Nikolaikirchhof** (I G3) finden sich mehrere Erinnerungszeichen, die auf die Friedliche Revolution des Herbstes 1989 verweisen. Im Anschluss an die Friedensgebete in der Nikolaikirche hatten sich die Menschen trotz der staatlichen Überwachung zum weiteren Austausch auf dem Kirchhof versammelt, der zum Ausgangsort der Montagsdemonstrationen wurde. Die Bewegung aus der Nikolaikirche auf den öffentlichen Platz wird mit der Aufstellung einer **Friedenssäule** auf dem Nikolaikirchhof symbolisiert, die eine Palmsäule aus dem klassizistischen Kircheninnern zitiert und ohne ihren räumlichen Kontext irritierend solitär auf dem Platz erscheint; der Entwurf stammt von Andreas Stötzner. Ergänzend zur Säule wurde der Platz von Tilo Schulz und Kim Wortelkamp durch die **Installation *public light*** mit 144 Leuchtsteinen gestaltet, die im Kopfsteinpflaster integriert sind und in den Abendstunden per Zufallssteuerung das allmähliche Versammeln vieler Einzelner an diesem Ort andeuten. Als drittes Element entstand ein schlicht gestalteter **Brunnen** aus einem monolithischen Granitblock nach dem Entwurf von David Chipperfield. Das Wasserspiel erinnert auf subtile Art an die politischen Verhältnisse, denn der Brunnen ist bis zum äußersten Rand mit Wasser gefüllt, so dass auch die kleinste Veränderung ihn zum Überlaufen bringt. Neben diesen Installationen erinnern Ausstellungen und das alljährliche Lichtfest am 9. Oktober an den Herbst 1989.

Der nördliche Nikolaikirchhof wird von der dreigeschossigen Renaissancefront der **Alten Nikolaischule** (I G3; Nikolaikirchhof 2) bestimmt. Während die Geschichte der Schule als eine der ältesten Bürgerschulen Deutschlands, *Schola Nikolaitana Lipsiensis* (1512), bereits eine 500-jährige Tradition hat, ist der Bau das Ergebnis von Umgestaltungen und Erweiterungen einzelner Häuser mehrerer Jahrhunderte. Bis 1872 beherbergte das Haus eine Schule, zu deren Schülern Gottfried Wilhelm Leibniz, Johann Gottfried Seume, Richard Wagner und Karl Liebknecht gehörten. 1872 expandierte die Schule und zog in die Ostvorstadt (Goldschmidtstraße, Ecke Stephanstraße) um, doch wurde dieser Bau im Zweiten Weltkrieg zerstört.

Nach langer Interimszeit gründete sich die **Neue Nikolaischule** (V J7; Schönbachstraße 17) 1995 mit Sitz in der von Otto Wilhelm Scharenberg 1913–16 errichteten XVII. Bürgerschule im südostlichen Stötteritz. Heute befinden sich in der Alten Nikolaischule eine Gaststätte, die Antikensammlung der Universität Leipzig und die Kulturstiftung Leipzig mit der Dauerausstellung »Der junge Richard Wagner 1813 bis 1834«. Die Kulturstiftung hatte sich Anfang der neunziger Jahre des verfallenen Hauses angenommen und seine Instandsetzung initiiert. Nach historischen Vorlagen sanierten die Architekten Hinrich Storch, Walter Ehlers und Rüdiger Sudau 1991–94 die Räume der früheren Schulstube im Erdgeschoss (1597 errichtet) und die klassizistische Aula (1827), während das zu DDR-Zeiten verfallene Treppenhaus neu gebaut werden musste. In einer schmalen Oberlichthalle macht eine neue einläufige Treppe den Weg durch das Haus von den Gewölbekellern bis zur Aula in der obersten Etage zu einem besonderen Raumerlebnis.

Der Messepalast **Specks Hof** (I G3; Reichsstraße 4–6 / Nikolaistraße 5–9) war mit rund 10 000 qm Ausstellungsfläche das größte Leipziger Messehaus seiner Zeit. Der Bau des imposanten Komplexes von Emil Franz Hänsel fällt in die Zeit des Um- und Ausbaus zum großstädtischen Zentrum. Er wurde 1909–11 in zwei Bauabschnitten errichtet und 1929 durch einen dritten Teil ergänzt. Specks Hof erstreckt sich über einen gesamten Block, seine **Passage** verbindet Reichs- und Nikolaistraße. Sein Name hatte sich durch den Besitzer, Kaufmann Maximilian Speck von Sternburg, etabliert, dem das Areal seit 1815 gehörte, bis es der Kaufmann Paul Schmutzler 1908 erwarb. Hänsels Messehausfassaden orientieren sich an der zeitgenössischen Warenhausarchitektur: Über einem großzügig verglasten Erdgeschoss fassen Kolossalpilaster drei Etagen zusammen. Den Abschluss bildeten ursprünglich zwei zurückgestaffelte Dachgeschosse. Der regelmäßig gegliederte Bau verwendet kaum historische Zitate und ist an den Pilastern, der Attika und den Brüstungsfeldern mit figürlichen Plastiken und Reliefs geschmückt. Während die Straßenfassaden dezent mit grauem Trachyttuff-Werkstein bekleidet sind, zeigen sich die drei Höfe hell und licht mit weißen Keramikfliesen gestaltet, die durch grüne Keramikbänder akzentuiert sind. Die Passage von Specks Hof stellt sich als Verbindungsgang zwischen drei glasgedeckten Innenhöfen dar und greift damit den Typus des tradierten Leipziger Durchhauses auf. Über einen Durchgang ist die Anlage mit dem 1997 neu aufgebauten Hansahaus an der Grimmaischen Straße verbunden. Während der Sanierung und Umgestaltung vom Messepalast zum Büro- und Geschäftshaus 1993–95 wurden die Höfe zur Nikolaistraße vergrößert und das Dach um vier Meter aufgestockt. Die drei Lichthöfe erhielten kräftig farbige Wandfriese von den Malern Bruno Griesel, Moritz Götze und Johannes Grützke und unterstützen den Kontrast zwischen dem distinguierten Äußeren und dem heiteren Innern. Heute finden sich in Specks Hof verschiedene Ladengeschäfte, zu denen auch die Connewitzer Verlagsbuchhandlung gehört. In den oberen Etagen nutzen unterschiedliche Unternehmen die Geschäftsräume, und die Universität Leipzig hat hier einzelne Institute angesiedelt.

Das **Geschwister-Scholl-Haus** (I G3; Ritterstraße 8–10) wurde als eine der ersten deutschen Handelshochschulen 1908–10 errichtet und beherbergt seit 1995 das Institut für Kunstpädagogik der Universität Leipzig. Das Gebäude gehört zu den frühen Werken des Architekten Fritz Schumacher, der 1896 bis 1901 im Stadtbauamt Leipzig unter Hugo Licht bereits beim Entwurf des Neuen Rathauses mitgewirkt hatte und seit Herbst 1909 als Baudirektor die Stadtgestalt Hamburgs prägte. Der Bau ist ein besonderes Beispiel der Reformarchitektur und dokumentiert die kritische Distanz des Werkbundmitbegründers Schumacher gegenüber dem Historismus. Die vertikal gegliederte Front zur Ritterstraße wird vom konvexen Eingangsrisalit geprägt, der die Fassade asymmetrisch im Verhältnis 5 zu 1 gliedert. Anstelle historisch zitierender Ornamente verwendete Schumacher den regionalen roten Porphyrtuff als Gestaltungsmittel bei Eingangsrisalit, Erdgeschossarkaden, Fenstererkern und Dachgesims. An den Porphyrpilastern zeigen Plastiken des befreundeten Dresdener Bildhauers Georg Wrba einzelne Motive des Handels. Im Innern findet sich ein lichtes Treppenhaus, bei dem die Stahlbetonkonstruktion des Gebäudes unverkleidet gezeigt wird. Der eindrucksvolle Große Hörsaal im obersten Geschoss erstreckt sich über zwei Etagen bis in den Mansarddachraum. Seinen Namen erhielt das Haus 1948 zum Andenken an die Mitglieder der Widerstandsgruppe »Weiße Rose«, die Geschwister Sophie und Hans Scholl.

Die **Nikolaistraße** (I G3) wurde zu Beginn des 20. Jahrhunderts mit repräsentativen Handels- und Geschäftshäusern dicht bebaut; die meisten von ihnen wurden für das Pelz- und Kürschnergewerbe genutzt. Ihr gestalterischer Ausdruck ist vom Historismus und von der Reformarchitektur geprägt. **Oelßners Hof** (Nikolaistraße 20–26) ist ein Geschäftshaus, das Max Pommer 1908 als Gründerzeitbau mit neobarockem Schmuck errichtete. Im Erdgeschoss sind hohe Ladenzonen angelegt, und ein Durchgang erlaubt die Verbindung zur Ritterstraße. **Steibs Hof** (Nikolaistraße 28–32) wurde von Felix Steib 1907 als Messehaus errichtet und als Geschäfts- und Lagerhaus für den Pelzhandel genutzt. Zur Nikolaistraße zeigt sich eine strukturelle Geschäftshausfassade mit großzügiger Verglasung. Der Mittelrisalit mit opulentem Eingangsportal, neobarocken Schmuckelementen und reich dekoriertem Giebelfeld ist Reminiszenz an den Historismus. Der Durchgang zum Brühl führt durch einen sachlich gestalteten, weiß-blau gefliesten Lichthof. **Selters-Haus** (Nikolaistraße 47–51) wurde für Alfred Selter als Handelshaus 1908 von Alfons Berger errichtet. Die sachlich gestalteten Fassaden weisen eine spannungsvolle Zweiteilung auf mit grün gekacheltem Erd-

und Obergeschoss und einer zweigeschossigen Werksteinfassade. Der Einsatz von bildnerischem Schmuck erfolgte sparsam, dafür mit hoher Qualität. Im Hauseingang findet sich ein Majolikarelief mit Motiven der Pelzwaren, und an den Pilastern verweisen fünf Tierplastiken in patiniertem Kupfergrün auf die Bedeutung des Pelz- und Kürschnergewerbes. Der Innenhof wurde mit blauen Fliesen verkleidet, die ein Nordlicht erzeugen sollten, damit den gelagerten Tierfellen der Glanz erhalten bleibe. Der Name **Blauer Hecht** (Nikolaistraße 39–45) geht auf einen Gasthof des 16. Jahrhunderts zurück. 1912 errichtete Leopold Stentzler hier ein Geschäftshaus und Lager für Rauchwarenhandel. Die Muschelkalksteinfassade zeigt eine strukturelle Vertikalgliederung mit Kolossalpilastern und plastisch ausgebildeten Fensterfeldern. Das Brüstungsfeld im mittleren Joch trägt das Hauszeichen des blauen Hechts, darunter befindet sich der Durchgang zur Reichsstraße. Emil Franz Hänsel entwarf 1913 das Haus **Schwarzes Hufeisen** (Nikolaistraße 55). An dieser Ecke zum Brühl konzipierte er eine sachlich-klare Geschäftshausarchitektur, deren einziger bildnerischer Schmuck sich über dem Eingang findet: eine Eule, die ein Hufeisen trägt und somit auf die frühere Nutzung als Hufschmiede im 16. und 17. Jahrhundert verweist. Das **Geschäftshaus Hermelin** (Nikolaistraße 57–59) errichtete Emil Franz Hänsel 1914 für eine Rauchwarenfirma. Es bildet einen städtebaulich markanten Auftakt der Nikolaistraße am Übergang zu den Promenaden. Der fünfgeschossige Bau orientiert sich an der Architektur der italienischen Frührenaissance-Palazzi mit plastischer Rustizierung der Fassade bis unter das Attikageschoss.

Die Tradition des **Riquet-Hauses** (I G3; Schumachergässchen 1–3) geht auf Jean George Riquet zurück, der 1745 ein Kolonialwarengeschäft für Tee, Kaffee, Kakao sowie China- und Orientwaren in Leipzig gründete. Zu Riquets Kunden gehörte auch Johann Wolfgang Goethe, der die Marke zu seiner Lieblingsschokolade erklärte. 1890 wurde die eigenständige Kakaoproduktion erfolgreich begonnen, so dass Riquet bis in die zwanziger Jahre zu einem Großunternehmen expandierte. Neben der Riquet'schen Schokoladenfabrik errichtete Paul Lange 1908/09 auch das innerstädtische Geschäftshaus für den Warenverkauf auf einem schmalen Grundstück neben dem seinerzeit noch existierenden barocken Deutrichs Hof (1968 abgebrochen). Dabei nahm Lange in der Fassadenstruktur die Höhen des barocken Nachbarn auf, während die großzügig verglasten Etagen des Stahlskelettbaus Verwandtschaft mit dem zeitgleich entstandenen Specks Hof zeigen. Doch finden sich hier kräftig farbige Brüstungsmosaike und große Schriftzüge sowie ein markanter Pagodenturm, so dass der Betrachter Bezüge zum Asien- und Kolonialwarenhandel assoziiert. Der seit Ende des 19. Jahrhunderts zum Unternehmensmotiv etablierte Elefant ergänzt das bildhaft-werbende Programm des Gebäudes mit zwei lebensgroßen kupfernen Köpfen im Eingangsbereich. Seit der Sanierung 1995 ist im Erdgeschoss das Kaffeehaus Riquet eingerichtet.

Das **Städtische Kaufhaus** (I G3/4; Neumarkt 9–19) ist ein Mustermessehaus von 1894–1901, das sich über einen Gesamtblock zwischen Neumarkt und Universitätsstraße erstreckt. An seiner Stelle standen zuvor mehrere Bürgerhäuser, das spätgotische Zeug- und Gewandhaus von 1498 und die am Gewandgässchen 1755 errichtete barocke Bibliothek von Friedrich Seltendorf. Bereits 1894 wurden durch einen Umbau des Bibliotheksflügels die ersten Hallenräume für die neue Leipziger Mustermesse angelegt, die die Warenmesse ablöste und aufgrund des Erfolgs zum Vorbild für andere deutsche und europäische Städte wurde. Dies veranlasste die Stadt Leipzig, den ehemaligen Bibliotheksbau ab 1895 im Innern vollständig umzubauen und ihn durch weitere Neubauten als Städtisches Kaufhaus zur Mustermesseanlage zu ergänzen. Als Referenz an den barocken Bestand wurden die ein Geschoss höheren neuen Messehausflügel von Emil F. Rayher, Maximilian J. R. Korber und Möller im üppigen Neobarock neu errichtet, dabei wurden die historischen Gewandhaushallen zur Kupfergasse abgebrochen. Hier war 1781 im zweiten Obergeschoss ein Konzertsaal eingerichtet worden, in dem die »Großen Concerte« des 1743 gegründeten Leipziger Konzertvereins stattfanden. Johann Carl Friedrich Dauthe hatte den Saal klassizistisch ausgebaut, und Adam Friedrich Oeser hatte ihn mit Deckengemälden gestaltet. Hier fanden die Gewandhauskonzerte statt, bis das renommierte Orchester 1884 ein größeres Konzerthaus von Martin Gropius und Heino Schmieden im Musikviertel erhielt. Wolfgang Amadeus Mozart hatte 1789 in dem Saal gastiert und Clara Wieck konzertierte hier seit 1828. Der Gewandhauskapellmeister Felix Mendelssohn Bartholdy dirigierte im Saal und begründete 1843 das Konservatorium als erste Musikhochschule Deutschlands an diesem Ort. An den ersten Gewandhaussaal erinnert heute lediglich eine kleine Schrifttafel. Das Städtische Kaufhaus bauten Offis Architekten aus Aachen in den Jahren 1993–95 als Büro- und Geschäftshaus um.

Die **Hainstraße** (I F3) gehört zu den ältesten Handelsstraßen Leipzigs. Sie verbindet Markt und Brühl und ist durch eine dichte Bebauung mit Handels- und Bürgerhäusern aus dem 16. bis 19. Jahrhundert geprägt. **Barthels Hof** (Hainstraße 1) ist eines der letzten erhaltenen Leipziger Durchhäuser aus der Zeit der Warenmesse und ermöglicht den Durchgang zwischen Hainstraße und Kleiner Fleischergasse. Der Hof wurde 1747–50 für den Kaufmann Gottlieb Barthel von dem Barockbaumeister George Werner errichtet. Hinter der Straßenfront entfaltet Barthels Hof seine Raumwirkung insbesondere in dem L-förmigen Innenhof, zu dem eine viergeschossige Hofbebauung orientiert ist. Der Kunsthistoriker und geborene Leipziger Nikolaus Pevsner hebt die barock-moderne Gestaltung im Unterschied zum allgemeinen Leipziger Barock hervor, denn hier entfalle die Schmuckfreudigkeit, da die Anlage vor allem sachlich-kommerziellen Zwecken diene, wie nicht zuletzt die Kranarme der hohen Dacherker zeigen. Die den Hof einfassenden Fassaden sind lediglich durch reliefartige Lisenen gegliedert, so dass Goethes Eindruck von »himmelhoch umbauten Hofräumen«, die Burgen ähnlich seien, nachvollziehbar wird. Die Fassade zur Hainstraße wurde erst 1871 durch Bruno Leopold Grimm neobarock neu gestaltet, und zwar unter Einbeziehung des Nachbargrundstücks, so dass eine breite symmetrische Front mit Durchfahrt entstand. Dabei ließ er Giebel und Erker von dem bisherigen Renaissancebau »Zur goldenen Schlange« auf die hofwärtige Fassade versetzen. Barthels Hof wies im Erdgeschoss Kauf- und Handelsgewölbe, Ställe und Remisen auf, und seit 1890 war hier eine Weinstube eingerichtet, die heute als Gaststätte Barthels Hof geführt wird. In den darüberliegenden Etagen lagen Festsäle, Kontore und Wohnungen sowie die Lagerräume in den hohen Dachgeschossen. Während der Modernisierung 1996 durch RKW Architekten ließen diese die Bauten weitgehend bis zu den Fassaden entkernen, so dass noch vorhandene barocke Innenausstattungen verlorengingen. Webers Hof (Hainstraße 3) ist ein Bürgerhaus, das 1662 von Christian Richter erbaut wurde. Die frühbarocken Fassaden sind nach der Restaurierung Mitte der neunziger Jahre durch RKW Architekten wieder herausgearbeitet, indem die Aufstockung aus dem 19. Jahrhundert zurückgebaut wurde. Auffallend ist die Akzentuierung der Mittelachse durch den hölzernen Kastenerker sowie den ornamentierten hohen Dachgiebel. Das asymmetrische, klassizistische Eingangsportal stammt aus dem Jahr 1872. Webers Hof gehört zu den traditionellen Leipziger Handelshöfen; da Dokumentationen zu den historischen Hofgebäuden fehlten, wurden sie 1997 als moderne Stahlbauten neu errichtet. Das Bürgerhaus (Hainstraße 8) ist eines der wenigen erhaltenen Zeugnisse der Renaissance. Es wurde um 1550 für den Ratsherrn Antonius Lotter entworfen. Im Innern sind das Treppenhaus mit Kreuzgratgewölbe, Stuckdecken und bemalte Holzbalkendecken aus der Entstehungszeit erhalten. Die **Adler-Apotheke** (Hainstraße 9) entstand 1909. In Erinnerung an den Vorgängerbau mit der historischen Apotheke von 1705 schließt der Erker an der Straßenfassade mit einer kupfergetriebenen Adlerkonsole ab. Im Innern finden sich die neubiedermeierliche Apothekenausstattung und der Hinweis, dass Theodor Fontane in den Jahren 1841/42 hier als Apotheker tätig gewesen ist. Der **Jägerhof** (Hainstraße 17/19) ist ein eindrucksvolles Messehaus aus den Jahren 1911–20 von Alfred Müller. Es ist als Durchgangshaus mit zwei Lichthöfen ausgebildet, deren Hoffassaden mit weißen Keramikfliesen eine angenehme Helligkeit erzeugen. Zur Fleischergasse wurde die historische Kinonutzung Union-Theater Hainstraße auch nach der Sanierung in den neunziger Jahren mit dem heutigen Passage-Programmkino beibehalten. Auf dem Areal des **Hôtel de Pologne** (Hainstraße 16/18) standen ursprünglich drei Gasthöfe. Nach einem Brand 1847/48 entstand an dieser Stelle ein großer Hotelbau mit 130 Zimmern. Der frühere Aufenthalt des polnischen Königs Stanislaus I. Leszczyński 1706 in einem der Vorgängerbauten war namensprägend. Eine umfassende Neugestaltung erfolgte 1891/92 durch Arwed Roßbach, der die Fassaden in Anlehnung an die florentinische Renaissance neu gestaltete. Im ersten Obergeschoss wurden zwei reich ausgestattete neobarocke Säle von Ludwig Heim eingerichtet. Nach Schließung des Hotels 1917 gab es unterschiedliche Nutzungen als Messe- bzw. Bürohaus. Die Modernisierung als Büro- und Geschäftshaus erfolgte nach Plänen von Gregor Fuchshuber 2011–14.

Der **Brühl** (I F/G3) hatte sich seit dem frühen 19. Jahrhundert zum Zentrum des Pelzhandels und zur prächtigsten Geschäftshausstraße der Handelsstadt entwickelt. Bereits um 1900 war Leipzig Mittelpunkt des weltweiten Rauchwarenhandels, dessen größte Händlerdichte mit knapp 800 Rauchwarenhandlungen am Brühl Ende der zwanziger Jahre erreicht wurde. Weit über die Hälfte der

Der Richard-Wagner-Platz und ein Neubau mit reinstallierter Metallfassade des ehemaligen Konsument-Warenhauses

Händler waren jüdische Geschäftsleute, von denen viele den antisemitischen Agitationen der Nationalsozialisten zum Opfer fielen. Nach dem Zweiten Weltkrieg war der Brühl um seine Bedeutung gebracht, da seine Geschäftsleute vertrieben und die Geschäfte zerstört waren. Die Neubauten und Platzanlagen der sechziger Jahre prägten ihn als aufgelockerten Stadtraum im Sinne der postulierten sozialistisch-modernen Stadt. Diese Entwicklung wurde nach der politischen Wende zugunsten einer Verdichtung revidiert. Auf das ehemalige **Konsument-Warenhaus** (I F3; Brühl 1/3), die stadtbildprägende »Blechbüchse« von 1968, verweist lediglich die plastisch-geschwungene Metallfassade, die 2012 vor einem Neubau reinstalliert wurde. Zuvor hatte sie ein bestehendes, im Krieg beschädigtes Kaufhaus (1908) von Emil Franz Hänsel bekleidet, das 1968 durch das Kollektiv um Walther, Böhme und Dick zum größten Warenhaus der DDR umgebaut worden war. Der Entwurf der

Aluminiumfassade mit Elementen aus hyperbolischen Paraboloiden stammt von dem Künstler Harry Müller und ist zeittypischer Ausdruck einer zukunftsorientierten Haltung. Heute ummantelt die Fassade ein dahinter befindliches Parkhaus, das nach Abbruch des Bestands mit den Höfen am Brühl 2012 neu errichtet wurde. Der gegenüberliegende **Große Blumenberg** (I F3; Richard-Wagner-Platz 1) ist nach seinem früheren Hausbesitzer Tiburtius Blumberg benannt, der hier im 16. Jahrhundert einen Gasthof geführt hatte. 1727–33 betrieb Friederike Caroline Neuber auf einem Färberboden die Neuber'sche Komödiantengesellschaft und führte, in Zusammenarbeit mit Johann Christoph Gottsched, theaterreformerische Dramen in deutscher Hochsprache auf, was zum spätbarocken Sprachenstreit für ein überregionales Standarddeutsch führte. 1826–32 wurden mehrere Bestandsgebäude zum Großen Blumenberg umgebaut und von Albert Geutebrück mit klassizistischen Fassaden gestaltet. Der imposante Baukörper wird zur Platzseite durch einen Mittelrisalit mit korinthischen Kolossalpilastern gegliedert, der seinen Abschluss in einem flachen Dreiecksgiebel findet. Das im Krieg beschädigte Haus wurde 1964 wiederaufgebaut. Seitdem erweist im Innern ein Wandbild von Edgar Steffen der Theaterprinzipalin Neuber Reverenz. Der **Richard-Wagner-Platz** (I F3) erhielt seinen Namen 1913 zu Ehren des Komponisten, der 100 Jahre zuvor am Brühl im Gebäude des Gasthofs Zum roten und weißen Löwen (Abbruch 1886) geboren wurde; unweit des Platzes steht im Promenadenring auch das Richard-Wagner-Denkmal (Dittrichring). Bei der Platzneugestaltung 2013 wurden die von Harry Müller für den früheren Sachsenplatz geschaffenen Springbrunnen-Plastiken, die »Pusteblumen« von 1972, wieder aufgestellt und korrespondieren hier mit der Aluminium-Warenhausfassade.

Die **Katharinenstraße** (I F3) ist einer der wenigen Orte, an dem mehrere Zeugnisse der barocken Bauherrschaft

Leipzigs, der Großkaufleute und Handelsbürger, bis heute erhalten sind. Während hier Bürgerhäuser und -palais das Straßenbild prägen, erfolgte andernorts noch bis Mitte des 20. Jahrhunderts der Abbruch von Barockbauten wie 1968 Deutrichs Hof in der Reichsstraße, einem der ersten Bürgerhäuser des Leipziger Barocks (1655) von Christian Richter. Der Bau des **Romanushauses** (I F3; Katharinenstraße 23 / Ecke Brühl) leitete die Blütezeit des bürgerlichen Barocks in Leipzig ein und bildete den Auftakt zu einer weit über die Stadtgrenzen bekannten Prachtstraße. Das Palais wurde 1704 für den Bürgermeister Franz Conrad Romanus neu errichtet und war die erste repräsentative Bauaufgabe des 1700 aus Dresden kommenden Ratsmaurermeisters Johann Gregor Fuchs in der Stadt. Die langgestreckte Straßenfront zum Brühl und die Front zur Katharinenstraße sind jeweils durch reich geschmückte Eingangsportale, prägnante Mittelrisalite und Giebel gestaltet. Zur Blockecke erhält das Gebäude einen plastischen Akzent mit einem zweigeschossigen steinernen Erker. Nikolaus Pevsner bewertet das Romanushaus als bedeutendes Beispiel des Umschwungs zu einer eigenständigen sächsischen Barockarchitektur. Es handele sich hierbei um eine Orientierung am holländischen Geschmack mit strenger Zweckgesinnung, dabei erreiche Fuchs eine seltsam fesselnde Wirkung von Strenge, Reinheit und Sauberkeit, von Maß und Würde. Die Architektur des späteren Rokoko prägt die Nachbarbauten in der **Katharinenstraße 19**, gebaut von George Werner 1749, sowie in der **Katharinenstraße 21**, umgebaut von Friedrich Seltendorff 1752. Der Barockbaumeister Johann Gregor Fuchs wurde 1707 mit dem Umbau des **Fregehauses** (I F3; Katharinenstraße 11) als Wohn- und Handelshaus für den Kaufmann Gottfried Otto beauftragt; benannt ist es nach seinem späteren Besitzer, dem Bankier Christian Gottlob Frege. Die Frontfassade ist mit einem dreigeschossigen Kastenerker gestaltet, der aufwendig geschmückt ist und in einem kartuschenbesetzten Giebel mündet. Auffällig ist die

Gestaltung des hohen Daches mit seiner vierreihigen Staffelung von Giebelgauben. Der gestalterische Ausdruck der Fuchs'schen Bauten verbindet klare Rationalität mit dekorativen Ornamenten und bestimmte den Stil der bis 1750 erbauten barocken Bürgerhäuser. Nach einer sorgfältigen Sanierung durch Sabine und Gregor Fuchshuber wird seit 2014 das **Hotel Fregehaus** mit 20 Zimmern und historischem Salon geführt. Ein weiterer Barockbau ist mit dem Haus **Katharinenstraße 3** erhalten, errichtet von Johann Christian Schmidt 1710.

♦ Das **Museum der bildenden Künste** (I G3; Katharinenstraße 10) ist eines der bedeutendsten deutschen Kunstmuseen. Im Neubau von 2004 auf dem ehemaligen Sachsenplatz kann die Ausstellung nach sechs Jahrzehnten Interimssituation endlich wieder adäquat präsentiert werden. Die Sammlung des von Leipziger Bürgern 1837 gegründeten Kunstvereins wurde bereits 1848 in einer Bürgerschule öffentlich ausgestellt, die als Städtisches Museum fungierte. 1858 errichtete Ludwig Lange einen Museumsbau am Augustusplatz in der Formensprache der Frührenaissance. Doch die Sammlung wuchs rasch, und so wurde das Bildermuseum 1886 durch den Leipziger Stadtbaurat Hugo Licht erweitert. Im Zweiten Weltkrieg wurde das Gebäude teilzerstört; 1945 sicherte man die Ruine zunächst für einen Wiederaufbau. Die wechselvollen Planungen für den zentralen Karl-Marx-Platz (heute Augustusplatz) führten 1962 zum Rückbau der baulichen Fragmente, um die Universität weiter ausbauen zu können, doch letztlich entstand hier 1981 das Neue Gewandhaus. Die Sammlung des Bildermuseums wurde währenddessen im Dimitroff-Museum gezeigt, dem ehemaligen Reichsgerichtsgebäude (heute Bundesverwaltungsgericht). Nach der politischen Wende erhielt sie einen neuen Interimsort. Der Neubau auf dem vormaligen Sachsenplatz folgt dem Entwurf der Berliner Architekten Karl Hufnagel, Peter Pütz und Michael Raffaelian. Den Leipziger Bürgern, de-

Museum der bildenden Künste vom Architekturbüro Hufnagel, Pütz, Raffaelian

nen das Museum seine Gemälde, Skulpturen, Grafiken und Fotografien weitgehend verdankt, hat Stephan Huber im Eingangsfoyer ein raumhohes Stiftermosaik (2004) gewidmet, das einen imaginierten Diskurs über den Museumsneubau unter Personen aus verschiedenen Epochen darstellt und somit Stifter aus anderthalb Jahrhunderten zusammenführt. Der Museumsquader greift die Leipziger Bautradition mit Passagen und Höfen auf: In inneren Höfen, die sich über die doppelte Raumhöhe erstrecken, führen im Erdgeschoss dezentral Zugänge zum Museum und Passagen durch den Block. In der zweiten Etage bieten ebenso hohe Stadtloggien großzügige Ausblicke auf das Quartier. Das Wechselspiel von kleineren, vor Tageslicht schützenden Ausstellungskabinetten, Terrassen und den versetzten Höfen und Loggien erzeugt unerwartete Raumbezüge über verschiedene Etagen. Der puristische Baukörper ist von spannungsvollen Proportionen und ausgewählten Materialien wie Sichtbeton, Muschelkalk, Eichenholz und Glas bestimmt. Die Kunstwerke aus 500 Jahren werden nach aktualisierter kuratorischer Konzeption 2022 neu präsentiert: Die Sammlung befindet sich im ersten und zweiten Obergeschoss, wechselnde Ausstellungen insbesondere zur Kunst des 20. und 21. Jahrhunderts sind in der untersten und obersten Etage; weitere Exponate zeitgenössischer Kunst werden in den Höfen und Loggien installiert sowie an den Stirnseiten der Treppenhäuser. Die erste Etage ist der Kunst um 1900 und dem frühen 20. Jahrhundert gewidmet; hier sind die in Leipzig geborenen Künstler Max Klinger und Max Beckmann vertreten sowie Romantiker wie Caspar David Friedrich und Impressionisten wie Lovis Corinth, Max Liebermann und Max Slevogt. In der zweiten Etage findet sich europäische Kunst des 15. bis 18. Jahrhunderts mit Werken alter Meister wie Lucas Cranach und Frans Hals. Einen Schwerpunkt in der Sammlung des 20. Jahrhunderts bildet die Kunst der DDR, der Leipziger Schule und der Oppositionskünstler. Während die Installationen zeitgenössischer internationaler Kunst in den oberen Loggien wechseln, haben großformatige Kunstwerke mit engem Leipzig-Bezug einen festen Ort im Erdgeschoss: Im Foyerhof steht die marmorne Beethoven-Plastik von Max Klinger (seit 2021, zuvor im Klinger-Saal), und im Caféhof ist das »Leipziger Firmament« (2014), ein monumentales Deckengemälde von Ben Willikens, zu sehen. An einer Nordhof-Wand ist eine DDR-Leuchtreklame für Isolator-Zündkerzen installiert (seit 2004, zuvor Giebelwand Talstraße) und unterstützt das Wechselspiel von öffentlichem Innen- und Außenraum. Vollständig erklärt sich das urbane Museumskonzept im Kontext mit den umgebenden Neubauten, die eine Rahmung des Museumssolitärs bilden und die gründerzeitliche Dichte an diesem Ort im Sinne des Leitbildes »Europäische Stadt« wiederherstellen.

Der Name **Klostergasse** (I F3) verweist auf den Standort des ehemaligen Klosters St. Thomas an der Nordseite der Thomaskirche, das sich bis zum Abbruch nach der Säkularisation 1543 an dieser Stelle befand. Der Vorgängerbau des **Paulanerpalais** (Klostergasse 3) gehörte zum Thomaskloster und wurde 1550 durch ein neues Bürgerhaus für den Ratsherrn Georg Scherl ersetzt. 1864 entstand hier der Neorenaissancebau von Johann Gottfried Siegel für die Leipziger Bank. Neben der Straßenfassade zeigt auch die westliche Fassade, die heute zum Blockinnern orientierte Hoffassade, eine überraschend repräsentative Gestaltung auf, was sich aus der ursprünglichen Lage am Promenadenring erklärt. Denn erst um 1900 erfolgte die westliche Erweiterung der Blockbebauung über die frühere Grenze der Stadtmauer hinaus bis zum Dittrichring. Nach einem Besitzerwechsel wurde das Erdgeschoss zur Gaststätte umgebaut und seit 1920 von der Münchner Paulaner-Brauerei als Paulaner Thomasbräu geführt. Das Paulanerpalais gehörte 1993 zu einer der ersten nachwendezeitlichen Sanierungen

Leipzigs, der Bestand wurde im Innern weitgehend zugunsten des Umbaus für eine Büronutzung entkernt. 2012 erfolgte die erneute Instandsetzung unter der Prämisse denkmalgerechter Fassadenbehandlung. Auch auf dem Nachbargrundstück **Altes Kloster** (I F3; Klostergasse 5) befand sich zunächst ein Teil des Thomasklosters, das 1550 ebenso zum Scherl'schen Anwesen gehörte. 1755 ließ sich Gottlieb Beck ein prächtiges Rokoko-Bürgerhaus von George Werner und Johann Leopold Müller errichten. Das Gebäude folgt dem geschwungenen Straßenverlauf, indem die Fassadenflucht leicht geknickt ausgeführt wurde. Sie ist durch feine Seiten- und Mittelrisalite sowie durch Pilaster gegliedert und zeigt eine Akzentuierung der Mitte mit markantem Portal, reichem Rocaillenschmuck und volutengeschmücktem Dacherker. Der eindrucksvolle Innenhof erstreckt sich parallel zur Straße, da das Hinterhaus ebenso wie beim benachbarten Paulanerpalais dem Verlauf der alten Stadtmauer folgt. Um 1920 wurde in dem Gebäude eine Weinstube namens Altes Kloster betrieben. Zusammen mit dem Paulanerpalais erfolgte die schon seit den achtziger Jahren angestrebte Sanierung des baufälligen Alten Klosters 1993, bei dem die Fassaden und das historische Treppenhaus saniert wurden. Nach einem Besitzerwechsel wurde der Bau 2012–14 denkmalgerecht instandgesetzt. Von dem ehemaligen **Hôtel de Saxe** (I F3; Klostergasse 7/9), das 1717 als Wohnhaus Schellhafer errichtet wurde, ist heute lediglich eine Kopie des Portals erhalten. Vom 18. bis ins frühe 20. Jahrhundert diente der Barockbau als Hotel, in dem auch Napoleon Bonaparte und August Bebel zu Gast waren. Unabhängig von seiner kulturhistorischen Bedeutung wurde 1968 entschieden, den beschädigten Barockbau abzubrechen. Zehn Jahre später entstand an dieser Stelle ein neues Wohnhaus von Hans-Dietrich Wellner, bei dem die Portalkopie als Reminiszenz an das Hotel integriert wurde. Dabei wurde das materialoriginäre Porphyrrot belassen, während zur Barockzeit eine helle Farbbehandlung üblich war. Die Portalkartusche umrahmte ursprünglich einen Reliefschriftzug »Hôtel de Saxe«. 2009 erfolgte eine umfassende Modernisierung des Baus durch Dietmar Fischer, wobei Straßenfassade und eine Raumschicht des Bestands aus den siebziger Jahren erhalten wurden, während im Hof ein Teilneubau mit großzügigen Raumsequenzen für das innerstädtische Wohnen entstand. Die geborgene Originaleichentür des Hôtel de Saxe wurde als historisches Zeugnis in der Hofpassage installiert.

Das Haus **Zum Arabischen Coffe Baum** (I F3; Kleine Fleischergasse 4) geht auf einen Bau aus der Zeit um 1550 zurück, der um 1700 umfassend umgebaut und erweitert wurde. Ab 1711 war hier eines der frühen Kaffeehäuser Europas, wenige Jahre später ließ der Besitzer den Bau 1719 zu einem repräsentativen Kaffeehaus umgestalten. Die Barockfassade zeigt die Betonung der Mittelachse durch einen Dacherker, schmückende Fenstergiebel und ein figürliches Portalrelief, das einen blühenden Kaffeebaum und einen darunter ruhenden Orientalen zeigt, der einem Putto eine Kaffeeschale überreicht. Das narrative Relief verweist auf den Ursprung der Kaffeetradition und wird von Nikolas Pevsner als »nichts anderes als ein Ladenschild« charakterisiert, das seit seiner Installation 1720 namensprägend ist. Zu den Kaffeehausgästen gehörten die in Leipzig lebenden Künstler von Bach bis Schumann und von Gellert bis Goethe ebenso wie Besucher der Stadt, darunter August der Starke und Napoleon Bonaparte. Nach ersten Instandsetzungen 1998 wurde das Gebäude als Kaffeehaus genutzt sowie als **Kaffeemuseum**, das zum Stadtgeschichtlichen Museum gehört. 2020–25 erfolgt eine umfassende Restaurierung des Gebäudes.

Die **Petersstraße** (I F3/4) ist eine der bedeutendsten Leipziger Handels- und Geschäftsstraßen, sie entwickelte sich im frühen 20. Jahrhundert mit zahlreichen neuen Messehäusern zur wichtigsten Achse der innerstädtischen Mustermesse. Als die Messe Mitte der neunziger Jahre nach Wiederitzsch verlagert wurde, erfolgten im Stadtzentrum umfassende Umbauten des Bestands zu Geschäfts- und Warenhäusern. Das **Messehaus** (I F3; Petersstraße 1–13 / Markt 16) hatte Frieder Gebhardt 1963–65 entworfen und mit einer filigranen Pfeilerfassade auf das benachbarte Königshaus subtil Bezug genommen. Nachdem die Leipziger Messegesellschaft die Nutzung des Gebäudes 1995 aufgegeben hatte, wurde es bis auf seine Stahlkonstruktion zurückgebaut und als Handels- und Bürohaus völlig neu gestaltet. Mit dem **Messehof** (I F3; Petersstraße 15 / Neumarkt 16/18) errichtete Eberhard Werner 1950 das erste neue Messehaus der Nachkriegszeit, das den kriegszerstörten barocken Vorgängerbau Hohmanns Hof von George Werner ersetzte. Der Messehof erweiterte das Passagensystem im Geviert mit einer Verbindung zum Neumarkt sowie zur Mädler- und Königshauspassage. Der Eingang ist durch eine Pilzsäule mit Motiven von den Künstlern Alfred Thiele und Fritz Przibila gestaltet, sie zeigen traditionelle Berufe von der Spinnerin bis zum Bergmann. 2006 wurde der denkmalgeschützte Messehof im Innern zum Büro- und Geschäftshaus umgebaut und die Passage neugestaltet, lediglich die Pilzsäule blieb erhalten. Das ehemalige **Messehaus Petershof** (I F3/4; Petersstraße 20) konzipierte Alfred Liebig 1927–29 für die Leipziger Messe AG. Es erstreckt sich von der Peters- zur Burgstraße. Von seinem türkisfarbenen keramikbekleideten Lichthof wurden die einzelnen Etagen erschlossen. Zur Petersstraße öffnet sich das Erdgeschoss mit großzügigen Verglasungen, während die sachlich gestaltete Travertinfassade in den oberen Etagen durch die Reihung von Fenstern geprägt ist, deren vorspringende Faschen Plastizität erzeugen. Sieben überlebensgroße Figuren von Johannes Göldel stehen für das Gewerbe, den Handel und die Kunst; ihre feinmodellierten Porträts stellen die beim Bau Beteiligten dar. 1938 zerstörten die Nationalsozialisten sie in einem Propagandaakt, da eine der Figuren den jüdischen Eigentümer Hans Kroch darstellte. 1995 wurde der denkmalgeschützte Petershof aufwendig saniert, die Figuren nachgebildet und wieder installiert. Zehn Jahre später erfolgte der Umbau zum Einzelhandelskaufhaus, bei dem es zur weitgehenden Entkernung kam, so dass Originalausstattungen und das Capitol-Kino verlorengingen. Das **Kaufhaus Peek & Cloppenburg** (I G4; Petersstraße 17–23, Preußergäßchen) wurde 1992–94 als einer der ersten nachwendezeitlichen Neubauten im Stadtzentrum von dem kalifornischen Architektenbüro Charles Moore, John Ruble und Buzz Yudell entworfen. Das Kaufhaus vermittelt zwischen dem früheren Verlauf der Petersstraße und ihrer Aufweitung aus den fünfziger Jahren, indem sich vor der gläsernen Fassade eine Steinfront auftreppend entwickelt und in einem Turm mündet. Das Haus **Zum Grönländer** (I F4; Petersstraße 24) wurde 1750 als barockes Handelshaus für Johann Martin Haugk errichtet. Die Fassade ist durch regelmäßige Lisenen gegliedert, zwischen die mittig ein dreigeschossiger, reich geschmückter Erker eingefügt ist. Über dem Eingangsportal fassen zwei liegende Figuren den Erker seitlich ein. In seinem unteren Brüstungsfeld wurde um 1908 das Relief eines Kajakfahrers eingebracht in Erinnerung an die Rettung eines Haugk-Nachfahren, der bei einer Grönlandreise durch einen Inuk vor dem Schiffbruch gerettet wurde. Der vom Zerfall bedrohte Barockbau konnte 1992–94 im Rahmen einer der ersten nachwendezeitlichen Sanierungen gerettet werden. Das Messehaus **Concentrahaus** (I F4; Petersstraße 26) errichtete Otto Droge 1920 als einen blockhaften Bau. Es weist wenige, gezielte Schmuckelemente auf wie den Muschelkalksteinbalkon, den aus Messinglettern bestehenden Schriftzug »Concentrahaus« sowie Horizontalgesimse. Sein Erdgeschoss wurde 1996 durch einen Stahl-Glas-Vorbau verändert. In der aufstrebenden Messestadt entstand 1914/16 trotz Kriegsbeginn das Messehaus **Stentzlers Hof** (I F4; Petersstraße 39–41) von Leopold Stentzler. Der mächtige

Neorenaissancebau steht am Eingang der Petersstraße. Sein erstes Obergeschoss ist mit einem umlaufenden Figurenband hervorgehoben, das an der Gebäudeecke in einer stadtwappentragenden Rolandsfigur mündet.

Der Name **Burgplatz** (I F4) verweist auf den früheren Standort der mittelalterlichen Pleißenburg aus dem 13. Jahrhundert. Nach Zerstörungen im Schmalkaldischen Krieg wurde die Burg abgebrochen und 1549 unter Leitung des Ratsherrn Hieronymus Lotter neu errichtet. Ihre Festungsfunktion war nach dem Dreißigjährigen Krieg 1648 obsolet, und so bot sie seit dem 18. Jahrhundert verschiedenen Institutionen Raum wie der von Adam Friedrich Oeser 1764 gegründeten Zeichnungs-, Malerey- und Architectur-Academie sowie einer Sternwarte im Burgturm. 1897 musste die Burg weichen, um für das Neue Rathaus der stark expandierenden Stadt Platz zu schaffen.

♦ Beim Bau des **Neuen Rathauses** (I F4; Martin-Luther-Ring 4–6) 1899–1905 von Stadtbaudirektor Hugo Licht fand der prominente Vorgängerbau Berücksichtigung, indem das Fundament des alten Pleißenburgturms die Basis eines neuen 114,7 Meter hohen Rathausturms wurde. Somit blieb eine Turmsilhouette als Wahrzeichen der Stadt erhalten. Das Rathaus greift im Zusammenspiel mit den beiden benachbarten Blöcken am Burgplatz die dreieckförmige Gestalt der früheren Festung auf. Allerdings ist diese Figur deutlich vergrößert, denn die zum Ring orientierten Gebäudeflügel liegen im Bereich des früheren Burggrabens, während der Turm nunmehr im Blockinnern steht. Das Leipziger Rathaus gehört zu den imposantesten Rathäusern seiner Zeit und verweist somit auf die Prosperität der Großstadt, die um 1905 mit über 500 000 Einwohnern zu den fünf größten deutschen Städten gehörte. Da Leipzig keine Residenzstadt war, repräsentiert der Bau umso eindrucksvoller eine stolze bürgerschaftliche Stadtgesellschaft. Es ist eines der bedeutendsten Rathäuser des Historismus und kombiniert die Formensprache der Neo-

Das Neue Rathaus entstand auf dem Areal der früheren Pleißenburg 1899–1905 nach dem Entwurf von Hugo Licht.

renaissance sowie des Neobarocks. Im Unterschied zum Alten Rathaus wurde für die reich geschmückten Fassaden kein regionaler roter Porphyr verwendet, sondern heller Muschelkalkstein. Der Haupteingang ist zum Stadtring ausgerichtet und mit giebelgeschmücktem Mittelrisalit sowie zwei seitlichen Türmen markant hervorgehoben. Neben diesen signifikanten Elementen findet sich zahlreich figürlicher Bauschmuck wie der Löwe als Leipziger Wappentier beidseitig des Eingangsportals, das Stadtwappen im volutengeschmückten Giebel, darunter die lateinische Inschrift »Arx nova surrexit« für »eine neue Burg hat sich erhoben« und die Stadtgöttin Lipsia als Giebelabschluss. An der südwestlichen Ringfassade symbolisieren fünf Figuren die Charakteristiken der Stadt mit Handwerk, Gerechtigkeit, Buchkunst, Wissenschaft und Musik (Bildhauer: Arthur Trebst, Johannes Hartmann, Adolf Lehnert, Josef Mágr, Hans Zeissig). Den Giebel des östlichen Seitenrisalits schmückt eine blaue Uhr mit der lateinischen Inschrift »Mors certa, hora incerta« für »Der Tod ist gewiss, die Stunde ungewiss«. Ein prächtiger Schaugiebel an der Ostseite verweist auf den Stadtverordnetensaal, der heute als Festsaal genutzt wird; seine hohen Fensterpfeiler sind mit Porträtmedaillons ausgestattet, die Stadtverordnete wie Otto Georgi und Bruno Tröndlin zeigen. Vom Burgplatz erfolgt der Zugang zum großräumigen Ratskeller. Im Rathausinnern ist das großzügige Foyer mit einer einladenden dreiläufigen Freitreppe ausgestattet, die zu einer imposanten Wandelhalle führt. Von hier aus sind die Repräsentationsräume wie der weitgehend original erhaltene Ratsplenarsaal und der Festsaal zu erreichen. Insgesamt hat das Neue Rathaus rund 600 Räume für die Stadtverwaltung. Am Burgplatz steht neben dem Eingang zum Ratskeller seit 1908 der **Rathausbrunnen** von Georg Wrba. Auf einer steinernen Säule befindet sich eine Bronzeskulptur, die einen Flötenspieler und zwei spielende Kinder darstellt. Um das Postament laufend ist als Wasserspeier ein feindetaillierter Bronzering installiert, der unterschiedliche Märchenfiguren zeigt. Der Brunnen erinnert an die Weihe des Rathauses am 7. Oktober 1905 und zeigt Porträtreliefs der Oberbürgermeister Otto Georgi und Bruno Tröndlin sowie des Architekten Hugo Licht.

Eine Erweiterung des Rathauses erfolgte 1908–12 durch den Bau des **Stadthauses** (I F4; Burgplatz 1 / Martin-Luther-Ring 8–10) nach dem Entwurf von Hugo Licht. Die Gestaltung greift die Materialien und Formensprache des Rathauses auf und ist über einen Brückenbau direkt mit ihm verbunden. Angrenzend an das Stadthaus entstand das **TRIAS-Haus** (I F4; Martin-Luther-Ring 12 / Markgrafenstraße) 2010–14 von Ansgar und Benedikt Schulz auf einer früheren Kriegsbrache. Der Baukörper nimmt zunächst die Höhen und Gliederungen des Stadthauses auf und entwickelt sich, dem zulaufenden Dreiecksgrundstück folgend, zu einem elfgeschossigen Turmhaus. Die Horizontalität der Fassadengestaltung erzeugt eine dynamische Wirkung, die sich als eigenständiger Ausdruck gegenüber dem Stadthaus behauptet. Der dritte Block am Burgplatz ist durch den Bau der **Deutschen Bank** (I F4; Martin-Luther-Ring 2) geprägt, der 1898–1901 nach dem Entwurf von Arwed Roßbach entstand. In Materialität und historistischer, Renaissance und Barock aufgreifender Formensprache verbindet sich der Repräsentationsbau mit dem Rathauskomplex. Der Baukörper mündet in einem spannungsvollen Halbzylinder, der auch den Haupteingang des Bankgebäudes bildet. Im Innern sind die Eingangs- und Kassenhalle weitgehend original erhalten.

Die **Moritzbastei** (I G4; Universitätsstraße 9) ist nach Kurfürst Moritz von Sachsen (1521–53) benannt. Leipzig war seit dem Mittelalter von zwei Stadtmauern umgeben, zwischen denen ein begehbarer Zwinger angelegt war. Die Moritzbastei ist eine von drei Eckbastionen, die Mitte des 16. Jahrhunderts nach der Belagerung Leipzigs im Schmalkaldischen Krieg als Erweiterung der äußeren Stadtmauer auf Veranlassung von Kurfürst Moritz errichtet wurden. Sie ist heute das einzige Zeugnis der mittelalterlichen Wehranlagen, die ansonsten im 18. Jahrhundert abgetragen und durch den Promenadenring ersetzt wurden. Auf den Kellergewölben der Moritzbastei entstand 1796–1834 die erste konfessionslose Bürgerschule durch Johann Carl Friedrich Dauthe; sie wurde im Zweiten Weltkrieg zerstört. 1974 übergab die Stadt das Moritzbastei-Areal an die Universität, deren Studenten in vielen Subbotniks über acht Jahre die unterirdischen Basteiräume freilegten, um hier einen Studentenklub einzurichten. Heute ist die Moritzbastei mit ihren eindrucksvollen Ziegelgewölben auf mehreren Ebenen eines der wichtigen Kulturzentren, das sich der studentischen und akademischen Kultur in Leipzig widmet.

Stadtring und innere Stadtviertel

Stadtring mit Promenaden

Sakralbauten

Die **Evangelisch-reformierte Kirche** und das Predigerhaus (I F3; Tröndlinring 7) wurden als ein Ensemble 1896–99 nach dem Entwurf von Georg Weidenbach und Richard Tschammer errichtet. Die seit 1700 in Leipzig ansässige reformierte Gemeinde, die sich anfangs vor allem aus flüchtigen Hugenotten konstituierte, hatte zuvor im königlichen Amtshaus (Abbruch 1902) am Thomaskirchhof einen Betsaal, der 1841 zur Kirche mit klassizistischem Predigtsaal umgestaltet wurde. Eines der bekanntesten Gemeindemitglieder war Felix Mendelssohn Bartholdy. 1895 entschloss sich das Konsistorium zur Auslobung eines Wettbewerbs für einen Kirchenneubau mit 700 Plätzen. Ähnlich wie das Amtshaus ist auch das neue Gebäudeensemble in die städtische Bebauung integriert, so dass das neue Predigerhaus an die benachbarte Ringbebauung des Hotels Fürstenhof (1889) anschließt. Der Neorenaissancebau aus Cottaer Sandstein staffelt sich zur Ecke Löhrstraße in die Höhe mit einem markanten Giebel und dem rund 70 Meter hohen Kirchturm. Die Innengestaltung folgt dem Wunsch der Gemeinde nach Einfachheit, die dem reformierten Kultuscharakter entspricht. Nach der Kriegszerstörung der Kirche erfolgte 1946–50 der vereinfachte Wiederaufbau ohne Seiten- und Mitteltürmchen durch Eberhard Werner, im Innern wurden bis 1959 zwei Stahlbetonemporen in den Zentralraum eingebaut.

♦ Die katholische **Propsteikirche St. Trinitatis** (I F4; Martin-Luther-Ring/Peterssteinweg) ist der jüngste Kirchenbau Leipzigs, der unweit des früheren Standorts der kriegszerstörten alten Propsteikirche nach dem Entwurf von

Die neue Propsteikirche (2009–15) vom Architekturbüro Schulz & Schulz

Ansgar und Benedikt Schulz 2009–2015 errichtet wurde. Das Ensemble von Kirche und 50 Meter hohem Glockenturm spannt den Raum auf dem dreieckförmigen Grundstück auf; dazwischen befinden sich das Gemeindezentrum und der Kirchhof. An der stark frequentierten Ringstraße erscheint die Propsteikirche als ein markanter Monolith, dessen rotbraune Mauerwerksfassaden aus regionalem Rochlitzer Porphyr an die Tradition öffentlicher Bauten in Leipzig anknüpfen. Partiell öffnet sich der Baukörper und ermöglicht Einblicke in den Kirchhof sowie in ein außergewöhnliches Kirchenfenster, das der Leipziger Künstler Falk Haberkorn mit Texten aus dem Alten und dem Neuen Testament gestaltet hat. Vom Innenhof betritt der Besucher die Kirche über den niedriger gelegenen Eingangsbereich, um in den spannungsvoll proportionierten Kirchenraum zu gelangen. Er ist durch eine Gestaltung mit elementaren Mitteln geprägt wie den hellen Putzwänden, dem Travertinboden, dem Eichengestühl und insbesondere durch das nicht sichtbare Oberlichtband vor der Altarwand, so dass sich eine sakrale Atmosphäre zur Besinnung entfaltet. Die liturgischen Orte wie Ambo, Altar, Tabernakel, Kreuz und Taufstein kommen in dem klaren Raum besonders zur Geltung. Sie sind von dem kubanisch-amerikanischen Künstler Jorge Prado als geometrische Grundformen mit charakteristischer Ornamentik in Rot- und Goldtönen gestaltet. Eine Tageskapelle erweitert den Kirchenraum an der Südseite, als räumliches Pendant steht ihr die Orgel auf der nördlichen Empore gegenüber. Der Kirchenbau folgt einem Nachhaltigkeitskonzept, das als integraler Bestandteil der Architektur nicht in den Vordergrund tritt, jedoch wesentliche Bedeutung hat für den angemessenen Umgang mit der Schöpfung im 21. Jahrhundert.

Profanbauten

♦ Der **Hauptbahnhof** (I G3; Willi-Brandt-Platz) entstand nördlich des Stadtzentrums anstelle von drei Einzelbahnhöfen, zu denen der Dresdener Bahnhof mit der ersten deutschen Ferneisenbahnstrecke Leipzig–Dresden von 1839 gehörte, ebenso der Magdeburger und Thüringer Bahnhof. Im Rahmen einer Neuordnung wurden die privaten Eisenbahngesellschaften Ende des 19. Jahrhunderts vom Staatsbahnsystem übernommen und ein neuer Großbahnhof geplant, um den Anforderungen an das steigende Verkehrsaufkommen gerecht zu werden. So entstand 1909–15 der Leipziger Hauptbahnhof als größter europäischer Kopfbahnhof nach den Plänen der Architekten William Lossow und Max Hans Kühne sowie der Ingenieure Louis Eilers und Julius Karig. Mit seinem 298 Meter langen Empfangsgebäude bildet er eine markante Bebauung am innerstädtischen Ring. Seine Dimension erklärt sich aus der Konzeption als Doppelbahnhof mit Einrichtungen der preußischen und der sächsischen Staatseisenbahn. Die symmetrische Front zum Ring ist daher mit zwei Eingangs- und Schalterhallen ausgestattet, und im Mittelbau finden sich jeweils zwei großzügige Wartesäle und Speiseräume; die Doppelverwaltung wurde erst 1934 von der Reichsbahn auf eine einheitliche umgestellt. Das hohe Empfangsgebäude des Bahnhofs ist mit repräsentativen Sandsteinfassaden gestaltet und lässt noch nichts von den dahinterliegenden stählernen Bahnsteighallen erahnen. Einzelne neobarocke Gestaltungselemente sind Zeugnis des ausklingenden Historismus. Am Eingangsportal zur preußischen Westhalle bilden sechs Steinfiguren die Pfeilerköpfe und stellen Bauberufe dar wie Eisenarbeiter, Steinmetz, Ingenieur, Architekt, Zimmermann und Erdarbeiter, während an der sächsischen Osthalle sechs Pfeilerfiguren zu Leipziger Kultur und Gewerbe zu finden sind wie Musiker, Professor, Student, Kürschner, Handelsherr und Buchdrucker. Die Eingangshallen sind im Innern von kassettierten Gewölbedecken eindrucksvoll überspannt. Ausladende Freitreppen führen in das obere Geschoss zur Querbahnsteighalle, die 23 Bahnsteige (früher 26) miteinander verbindet. Die Querhalle vermittelt zwischen dem repräsentativen Empfangsgebäude und den sechs Längsbahnsteighallen. Jeweils vier Gleis- und Bahnsteigbereiche werden mit hohen Dreigelenk-Fachwerkbögen überspannt, Zeugnisse einer beeindruckenden Stahlkonstruktion des frühen 20. Jahrhunderts im neuen Zeitalter von Technik und Dynamik. Nach erheblichen Kriegszerstörungen wurde das Gebäude zunächst gesichert und bis 1965 weitgehend originalgetreu wiederaufgebaut. 1990–97 erfolgte eine umfassende Sanierung und Modernisierung. Dabei wurde in der Querbahnsteighalle eine Mall nach dem Entwurf des Architekturbüros Hentrich, Petschnigg und Partner integriert: Die beiden unteren Etagen sind durch eine langgestreckte Deckenöffnung mit dem Hallenraum verbunden. Diese Intervention macht den Großbahnhof nicht mehr allein zum Ort für Reisende, sondern zu einem stark frequentierten Einkaufs- und Dienstleistungszentrum im innerstädtischen Bereich. In den Jahren 2003–13 wurde die Station des **City-Tunnels** im westlichen Teil gebaut, so dass mit der Verbindung vom Hauptbahnhof zum früheren Bayrischen Bahnhof und weiter in den Süden ein effektiver, kombinierter Kopf- und Durchgangsbahnhof entstand. Die rund 20 Meter tief liegende Station Hauptbahnhof und ihre Zugänge wurden von HPP Architekten in Anlehnung an die Mall ebenfalls in Glas und Kalkstein gestaltet.

Auch das **Hotel Astoria** (I G2/3; Willy-Brandt-Platz 1) entstand nach Plänen von Lossow und Kühne 1913–15 und orientiert sich mit seinen Sandsteinfassaden und Vertikalgliederungen am benachbarten Bahnhofsgebäude. In den frühen siebziger Jahren wurde das noble Grandhotel umfassend instandgesetzt und etablierte sich als renommiertes Hotel der Messestadt. Nach der politischen Wende wurde es bis 1996 betrieben, bevor es aufgrund ausstehender Sanierungen durch die Interhotel-Kette geschlossen werden musste. Nach über zwanzigjährigem Leerstand begann 2018 ein komplexer Bauprozess, wobei das denkmalgeschützte Gebäude modernisiert werden soll.

Das **Hotel The Westin Leipzig** (IV F/G2; Gerberstraße 15) entstand 1981 als 5-Sterne-Interhotel Merkur und firmiert seit 2003 unter seinem aktuellen Namen. Mit dem City-Hochhaus und dem Wintergarten-Hochhaus gehört der Hotelbau zu den Höhendominanten am Leipziger Stadtring, die bereits im Generalbebauungsplan der zwanziger Jahre vorgesehen waren. Eine Besonderheit ist die Entstehung des Gebäudes, das die japanische Kajima Corporation in nur drei Jahren ausführte und rechtzeitig zur Leipziger Frühjahrsmesse 1981 fertigstellte. Durch eine leichte Baukörperstaffelung erscheint das 96 Meter hohe Hotel als elegante schmale Scheibe. Ein farblich dunkler gehaltener Sockelbau bindet das Hochhaus in den umgebenden Stadtraum ein. Die Fassaden sind rational aus Betonfertigteilen gestaltet und mit hochwertigen Oberflächen aus Perlmuttmosaik in hellen Gold- und Bronzetönen veredelt, so dass sich im Sonnenlicht spannungsvolle Farbspiele ergeben. Als Verweis auf das japanisch-deutsche Kooperationsprojekt wurden die Freianlagen mit einem japanischen Garten und einem Kirschblütenhain gestaltet. Das Hotel ist mit rund 440 Zimmern, mehreren Restaurants, Bars, Clubs sowie einem Bankett- und Kongresszentrum ausgestattet.

Das Hotel **Fürstenhof** (I F3; Tröndlinring 8) geht auf ein klassizistisches Wohnpalais zurück, dass Franz Hannemann 1889 zum Fürstenhof, einem der ersten Leipziger Luxushotels, ausbaute. Die Fassadenfront gestaltete Hermann Günther 1913 mit Mittelrisalit, Mansarddach und abschließendem Bogengiebel, der von mit Fürstenfiguren geschmückten Pfeilern getragen wird. Im Rahmen einer Modernisierung 1996 erfolgte eine Entkernung des Gebäudes bis auf die Fassade, das Treppenhaus und den Speisesaal. Dieser repräsentative Saal (1865) von Moritz Münch zeigt eine bemerkenswert hochwertige Ausstattung mit ornamentreicher Wandbekleidung aus dunklem erzgebirgischem Serpentinit und roten Seidentapeten.

Das **Wintergarten-Hochhaus** (I G3; Wintergartenstraße 2) wurde 1970–74 als Teil eines anspruchsvollen innerstädtischen Wohnungsbauprogramms nach dem Entwurf von Georg Eichhorn und Frieder Gebhardt errichtet. Nachdem die Arbeiterwohnpaläste sich in den fünfziger Jahren an der Architektur der »Nationalen Tradition« orientiert hatten, erfolgte Anfang der sechziger Jahre der weitere Ausbau entlang des Georgirings in moderner Architektursprache. In diesem Kontext bildet das 32-geschossige Wohnhochhaus einen wichtigen Akzent am Stadtring; es war mit 95 Metern das höchste Wohnhochhaus der DDR. Das Konzept zur Errichtung von Hochhausdominanten am Ring geht auf den bereits 1926–29 erstellten Generalbebauungsplan von Hubert Ritter zurück. Ein weithin sichtbares MM-Signet, das auf die Leipziger Messe verweist, dreht sich auf dem Dach des hohen Gebäudes. Ursprünglich war das Hochhaus durch einen Flachbau vermittelnd in die Ringbebauung eingebettet. Im Rahmen der Modernisierung des denkmalgeschützten Hochhauses 2005 wurde der zweigeschossige Flachbau abgebrochen; 2015 errichteten die Architekten Drumdam, Heise, Dahle eine Verdichtung mit einem neuen Verwaltungsgebäude für die städtische Wohnungsbaugesellschaft.

Die ehemalige **Hauptpost** (I G3; Augustusplatz 4) gehörte zum Aufbauprogramm des kriegszerstörten Augustusplatzes und wurde 1964 nach dem Entwurf von Kurt Nowotny gebaut. An derselben Stelle hatte zuvor das historische Hauptpostgebäude gestanden, das 1838 von Albert Geutebrück errichtet und 1884 historistisch in den Formen der Neorenaissance umgestaltet worden war. Eine Besonderheit des Neubaus ist seine Aluminium-Glas-Vorhangfassade, die als erste in dieser Gestaltungs- und Konstruktionsart in der DDR ausgeführt wurde. Eine 90 Meter lange Dachterrasse über den Büroetagen konnte als Pausenaufenthalt genutzt werden. Am Haupteingang befand sich ein 7 Meter langes Wandbild (1964) von Bert Heller, das Ernst Thälmann während einer Versammlung der Kommunistischen Jugend Deutschlands 1930 auf dem Augustusplatz darstellte und schon bald nach der politischen Wende übermalt wurde. Nach mehrjährigem Leerstand wurde das Hauptpostgebäude als wichtiger Vertreter der modernen DDR-Baukunst 2014–18 von Gregor Fuchshuber modernisiert und als Geschäfts- und Apartmenthaus umgebaut.

Das **Radisson Hotel** (I G4; Augustusplatz 5/6) entstand 1965 im Rahmen der Platzneugestaltung als Hotel Deutschland durch das Architektenkollektiv Wolfgang Scheibe und Helmut Ullmann. Mit dem Hotelbau wurde auf den dringenden Raumbedarf für Gäste reagiert, die zur

800-Jahrfeier der Stadt sowie zur Messe erwartet wurden. Wegen einer sehr kurzen Bauzeit errichtete man über dem Erdgeschoss einen Typenbau, der mit einem zurückgestaffelten Baukörper an das benachbarte Europahaus anschließt. Im Erdgeschoss liegen weitläufige Foyers und Bars, in den Hoteletagen finden sich Werke der architekturbezogenen Kunst. Das ursprüngliche Interhotel wird seit 2007 als Radisson Blu Hotel betrieben. Zuvor hatte die Interhotel Group das Gebäude mit einer neuen Fassadengestaltung von Eberhard Pfau modernisieren lassen. Die vorgehängte gläserne Fassadenschicht schützt vor Lärm und Sonne und bezieht sich zugleich auf die Gestaltung des benachbarten Hauptpostgebäudes. Die gelungene Modernisierung eines der wenigen erhaltenen DDR-Hotelgebäude bildet eine qualitativ hochwertige Front zum Augustusplatz.

Mit dem **Europahaus** (I G4; Augustusplatz 7) hatte Otto Paul Burghardt 1929 eine der Hochhausdominanten errichtet, die Hubert Ritter in seinem Generalbebauungsplan am Stadtring vorgesehen hatte. Der 13-geschossige Turmbau des Büro- und Geschäftshauses hat eine Höhe von 56 Metern. Nachdem der ursprüngliche Entwurf mit höherem Eckturm wegen Intervention der Obersten Baubehörde geändert werden musste, band man den Turm symmetrisch in den Sockelbau ein. Das repräsentative Europahaus ist mit Muschelkalkstein bekleidet und wird durch die Lisenen in seiner Vertikalität gestärkt. Auf mittlerer Höhe sind zwischen den Fassadenachsen Einzellettern eingefügt und bilden den Namen »Europahaus«. Das regelmäßige Fensterraster und die Materialität verleihen dem Gebäude einen konventionellen Ausdruck, obgleich es als moderner Stahlbetonskelettbau konstruiert ist.

Die **Ringbebauung Roßplatz** (I G4; Roßplatz 1–13) folgte den Plänen von Rudolf Rohrer 1953–55 im Rahmen des repräsentativen Wohnungsbauprogramms der fünfziger Jahre. Der Arbeiterwohnpalast grenzt an das Europahaus und verläuft, dem Ring folgend, in geschwungener Form bis zum Wilhelm-Leuschner-Platz. Im Sinne der Architektur der »Nationalen Tradition« wurde die Fassade neobarock gestaltet: mit Travertinsockel, Schmuckelementen und fünfgeschossigen Erkern. Zwischen zwei Risalittürmen wurde das **Ringcafé** angelegt, das mit 800 Plätzen eines der größten Cafés der DDR war. Es bestand aus einem im Erdgeschoss liegenden Tagescafé, einer Mokkadiele sowie dem Konzertcafé mit Bar im Obergeschoss, deren Räume aufwendig mit Marmor, Hinterglasmalereien und Spiegeln gestaltet sind. Die Skulpturen am Fries des Ringcafés schufen die Künstler Alfred Thiele und Rudolf Oelzner. Zwischen der Ringstraße und der Bebauung mit rund 200 Wohnungen wurde eine Grünanlage konzipiert, die die Bewohner zum Verweilen einlädt. Im nördlichen Bereich des Roßplatzes steht seit 1906 der **Mägdebrunnen** von Werner Stein, der die Bronzefigur einer Wasserträgerin zeigt und sich auf das Lieschen in Goethes Faust-Szene »Am Brunnen« bezieht.

Plätze, Parks und Grünanlagen

♦ Der **Promenadenring** (I F/G 3/4) wurde seit Mitte des 18. Jahrhunderts angelegt, nachdem die mittelalterlichen Stadtmauern und Wassergräben zurückgebaut worden waren. In einem Zeitraum von rund 100 Jahren entstand ein Grüngürtel um das Stadtzentrum nach dem Konzept von Johann Carl Friedrich Dauthe: Promenadenalleen und Schmuckbeete, Parks im englischen Stil wie der Obere Park mit dem Schwanenteich, die 1857 geschaffene Lenné-Anlage von Peter Josef Lenné und die nordwestlichen Ringparks von Carl Hampel. Die Promenaden etablierten sich als repräsentativer Ort zur Aufstellung von Denkmälern für Künstler, Wissenschaftler und Politiker, die in Leipzig wirkten. Das **Müller-Denkmal** (I G3; Willy-

Brandt-Platz) für Bürgermeister Carl Wilhelm Müller wurde 1819 als erstes Denkmal im Unteren Park für den Leipziger Bürgermeister errichtet, der die Promenaden anlegen ließ. Das klassizistische Denkmal von Johann F. A. Tischbein ist ein mit Ecksäulen eingefasster Sandsteinquader, der mit flachen Giebeln und Akroterien ausgestattet ist. Das Porträt-Medaillon schuf Johann Gottfried Schadow. Gegenüber vom Bahnhof verweist im Oberen Park seit 1878 der **Eisenbahnobelisk** (I G3; Goethestraße) von Carl Gustav Aeckerlein auf die 1839 ausgebaute erste deutsche Ferneisenbahnstrecke zwischen Leipzig und Dresden. Am Schwanenteich ließ die Stadt 2003 ein **Denkmal für Sinti und Roma** (I G3; Goethestraße) zur Erinnerung an die Opfer des nationalsozialistischen Völkermords aufstellen. Auf einem steinernen Sockel steht die Bronzeplastik *Geschlagener*, die Wieland Förster 1989 geschaffen hatte. Die Skulptur zeigt einen kauernden Mann, dessen gekrümmte Körperhaltung die physischen und psychischen Qualen der ausgegrenzten Ethnien symbolisieren. Das **Gellert-Denkmal** (I G4; Schillerstraße) für Christian Fürchtegott Gellert ist eine 1909 aufgestellte Nachbildung des bereits 1774 von Adam Friedrich Oeser geschaffenen Denkmals. Das Original stand ursprünglich im Garten des Paulinums und damit an Gellerts Wirkungsort als Philosophieprofessor, ab 1842 stand es auf dem Schneckenberg, wo es dem Neubau des Theaters weichen musste, und schließlich kam es an seinen heutigen Standort. Oeser hatte das Denkmal in Form eines Grabmonuments als marmornen Säulenstumpf gestaltet, auf dem eine Urnenschale steht. Drei trauernde Kinderfiguren sind um die Schale gruppiert. Goethe lobte das Denkmal seines Zeichenlehrers in *Gellerts Monument von Oeser*, denn er habe »ein bleibend Bild [ersonnen], ein lieblich Deuten auf den verschwundnen werten Mann, und sammelte mit Geistesflug im Marmor alles Lobes Stammeln«. Das **Schiller-Denkmal** (I G4; Schillerstraße) ist Friedrich Schiller gewidmet, der sich 1785 einige Monate in Leipzig auf Einladung seines Freundes und Herausgebers Christian Gottfried Körner aufhielt. Johannes Hartmann schuf 1914 die Schiller-Büste aus einem weißen Laaser Marmorquader herauswachsend, der von zwei Figuren flankiert ist. Die weibliche, in sich versunkene Figur verkörpert die Tragik, und die männliche aufgerichtete Figur steht für die Erhabenheit. Das Denkmal zeigt spürbar die Nähe zur Arbeit des Hartmann-Freundes Max Klinger. Das **Schumann-Denkmal** (I G4; Schillerstraße) ist Robert Schumann gewidmet, der seit 1828 in Leipzig lebte, bei Friedrich Wieck Klavierunterricht nahm und 1840 dessen Tochter, die Pianistin Clara Wieck, heiratete. Der obeliskförmige Granitstein wurde von Bruno Leopold Grimm 1875 gestaltet und mit einem Medaillon von Heinrich Natter ausgestattet, das nach Verlust 1980 durch ein neues Relief von Rolf Nagel ersetzt wurde. Das **Goerdeler-Denkmal** (I F4; Martin-Luther-Ring) wurde 1999 Bürgermeister Carl Friedrich Goerdeler gewidmet, der 1936 aus Protest gegen die nationalsozialistischen Willkürakte wie die Zerstörung des Mendelssohn-Denkmals von seinem Amt zurücktrat, sich zur Widerstandsbewegung orientierte und nach dem gescheiterten Attentat vom 20. Juli 1944 hingerichtet wurde. Die Konzeptkünstler Jenny Holzer und Michael Glier entwarfen einen Erinnerungsort, der anders als alle Denkmäler am Promenadenring nicht mit einer Plastik auf einem Sockel reagiert, sondern im Kontrast dazu in die Tiefe geht. Drei Steinringe fassen einen fünf Meter tiefen Schacht ein, aus dem mehrmals am Tag das Schlagen der im Untergrund versenkten Glocke zu hören ist, um im Gedenken Routine und Alltag der Bürger zu unterbrechen. In die Steinringe sind Auszüge aus Goerdelers Reden und Schriften der Jahre 1934 bis 1945 eingraviert. Das **Alte Bach-Denkmal** (I F3; Dittrichring) für Johann Sebastian Bach wurde 1843 von Felix Mendelssohn Bartholdy gestiftet, der mit der Aufführung der *Matthäuspassion*

1829 zum Wiederentdecker des Thomaskantors wurde und dessen Werk kontinuierlich pflegte. Dieses erste Bach-Denkmal steht in den Promenaden vis-à-vis der Thomaskirche als der zentralen Wirkungsstätte Bachs. Der Maler Eduard Bendemann, sein Schwager Julius Hübner und der Bildhauer Ernst Rietschel schufen ein Denkmal in Tabernakelform aus Elbsandstein, das neben der Büste Bachs auf drei verschiedenen Reliefs Bach als Komponisten, Orgelspieler und Lehrer darstellt. Das **Mendelssohn-Denkmal** (I F3; Dittrichring) für Felix Mendelssohn Bartholdy wurde 2008 in den Promenaden in unmittelbarer Nähe des Bach-Denkmals aufgestellt. Ursprünglich stand das 1884 von Werner Stein angefertigte Denkmal vor dem Gewandhaus im Musikviertel. Am 9. November 1936 war es von den Nationalsozialisten willkürlich zerstört worden. Das Denkmal wurde auf Basis fotogrammetrischer Vermessungen des Originals exakt nachgebaut. Auf einem vier Meter hohen Granitsockel steht die überlebensgroße Bronzefigur, die Mendelssohn als Komponisten und Gewandhauskapellmeister mit Notenrolle in der Hand vor einem Dirigentenpult zeigt. Die Muse der Musik sitzt zu seinen Füßen und eine Inschrift lautet: »Edles nur künde die Sprache der Töne«. Das **Wagner-Denkmal** (I F3; Goerdelerring) für den 1813 in Leipzig geborenen Richard Wagner wurde anlässlich seines 100. Todestages von Max Klinger für den Promenadenring an der Matthäikirche geplant. Allerdings konnte der von Klinger begonnene und bis zu seinem Tod 1920 unvollendet gebliebene Entwurf erst zum 200. Geburtstag Wagners realisiert werden. Durch die Zerstörung der von Klinger 1911 entworfenen Treppe zum Matthäikirchhof und durch den Verlust der Matthäikirche 1948 war die räumliche Situation erheblich verändert. 2010 erfolgten der Wiederaufbau der Treppe und die Installation des bereits fertiggestellten Denkmalsockels, der seit 1924 im Palmengarten gestanden hatte. Der drei Meter hohe Sockel aus weißem Laaser Marmor zeigt Wagner-Figuren wie

Das Wagner-Denkmal wurde von Max Klinger begonnen und zum 200. Wagner-Geburtstag 2013 von Stephan Balkenhol vollendet.

Siegfried, Parsifal und die drei Rheintöchter in Überlebensgröße. Das Werk wurde 2013 durch eine zeitgenössische Skulptur von Stephan Balkenhol ergänzt. Seine farbig gestaltete Wagner-Figur ist mit ihrer Höhe von 1,80 Meter etwa lebensgroß, doch erscheint sie in Relation zu dem vier Meter hohen stählernen Schatten und den überlebensgroßen Figurenreliefs von Klinger irritierend klein. So wird zwischen dem jungen Menschen Wagner und seinem Wirkungsraum ein spannungsvoller Kontrast hergestellt, der eine intensive Auseinandersetzung mit Wagner herausfordert. Das **Hahnemann-Denkmal** (I F3; Richard-Wagner-Platz) ist dem Begründer der Homöopathie Samuel Hahnemann gewidmet, der in Leipzig 1775 sein Medizinstudium begann und 1811–21 an der Universität lehrte, bevor er nach Köthen und später nach Paris übersiedelte. Das 1851 von Friedrich Wilhelm Steinhäuser entworfene Denkmal zeigt eine überlebensgroße sitzende Bronzefigur auf einem hohen Marmorsockel.

Graphisches Viertel und Seeburgviertel

Profanbauten

Das **Neue Grassimuseum**, heute als drei **Museen im GRASSI** für Angewandte Kunst, Völkerkunde und Musikinstrumente geführt (I H4; Johannisplatz 5–11), wurde 1925–29 von Carl William Zweck und Hans Voigt unter der Oberleitung von Hubert Ritter errichtet. Sein Name geht auf den Leipziger Kaufmann Franz Dominic Grassi zurück, der 1880 sein Vermögen von zwei Millionen Mark der Stadt vermachte und damit den Bau von städtischen Einrichtungen wie dem Museum ermöglichte. Das Neue Grassimuseum ist einer der seltenen Museumsneubauten der Weimarer Republik. Nachdem sich das erste Grassimuseum für Kunstgewerbe und Völkerkunde (heute

Das Grassimuseum am Johannisplatz von Carl William Zweck, Hans Voigt und Hubert Ritter

Stadtbibliothek) am Königsplatz als zu klein und nicht erweiterbar erwiesen hatte, plädierte der 1896–1929 amtierende Direktor Richard Graul für einen Neubau. Hierfür wurde ein Areal des säkularisierten Alten Johannisfriedhofs bestimmt, das hinter der Johanniskirche und dem Alten Johannishospital lag. Die Nutzungen von Friedhof und Hospital waren Ende des 19. Jahrhunderts aufgegeben worden, nachdem ein Neues Johannisstift und ein Neuer Johannisfriedhof (heute Friedenspark) weiter südlich entstanden waren. Die Wahl des Ortes für einen Museumsbau war plausibel, da im alten Hospitalgebäude seit 1874 bereits die Ausstellungen des Vereins Museum für Völkerkunde gezeigt wurden. Der 1924 prämierte monumentale Museumsentwurf von Zweck und Voigt wurde vom neuen Stadtbaurat Ritter unter städtebaulichen Aspekten verändert, so dass die Gesamtanlage in ihrer Maßstäblichkeit der Johanniskirche Reverenz erwies und zugleich den Friedhofspark in die Gestaltung einbezog. Es entstand eine residenzähnliche Grundfigur mit langgestrecktem Ehrenhof, dreigeschossigem Haupttrakt sowie zwei flachen Seitenflügeln, die den Verlauf des trapezförmigen Grundstücks nachzeichnen. Neuartig war es, vier Gartenhöfe anzulegen, die auf eine repräsentativ-pathetische Museumswirkung verzichteten und stattdessen die Verbindung von Architektur und Landschaft suchten. Unterschiedlich gestaltete grüne Themenhöfe entstanden mit dem Eingangs- und Mittelhof sowie mit dem Japanischen Garten und dem Rehgarten, der seinen Namen der Skulptur *Diana mit Hirschkuh* (1928) von Paul Berger verdankt. Die Museen für Angewandte Kunst (bis 2005 Kunsthandwerk), Völkerkunde und Musikinstrumente sind über ein zentrales Treppenhaus zu erschließen. Die Gestaltung des Raums wurde zugleich zum Exponat der ersten großen Sonderausstellung »Europäisches Kunstgewerbe« 1927, die dem Grassimuseum international Aufmerksamkeit verschaffte. Für die Treppenhausfenster schuf der Bauhaus-Meister Josef Albers eine geometrisch-abstrakte Komposition mit Motiven von Bewegung und Rhythmus. Die Glasmalerei wurde im Krieg zerstört und konnte 2011 durch Christine Triebsch mit der Werkstatt Peters aufwendig rekonstruiert werden – in ursprünglicher Technik mit mundgeblasenem Flachglas. Als zentraler Raum des Museums wurde der große Pfeilersaal von Hubert Ritter mit einer umlaufenden Galerie und raumhaltigen Prismenpfeilern konzipiert, in die Ausstellungsvitrinen eingearbeitet sind. Seine Farbgestaltung mit kräftigem Rot sowie mit Gold-Blau-Tönen übernahm Otto Fischer-Trachau. In diesem Ritter-Saal wurde 1927 der deutsche Beitrag der Kunstgewerbeausstellung präsentiert. Die Außengestaltung des Grassimuseums ist von Fassaden aus rotem Putz und Rochlitzer Porphyr bestimmt, durch keilförmige Lisenen und Ornamente in kristalliner Formensprache geprägt. Nach dem ersten neoklassizistischen

Wettbewerbsbeitrag hatten Zweck und Voigt sich in den Entwurfsüberarbeitungen dem Art déco als moderner Variante des Fassadenornaments angenähert. Eine Diskrepanz zwischen der städtebaulichen Gesamtanlage, der funktionalen Grundrissdisposition und der konventionellen Fassadengestaltung ist spürbar, sie resultiert aus der Entwurfsgeschichte und den verschiedenen Intentionen der Entwurfsbeteiligten. Nach der Eröffnung der Gesamtanlage 1929 blieben dem Grassimuseum lediglich rund zehn Jahre Ausstellungsbetrieb, bis die Sammlungen zu Beginn des Krieges eingelagert werden mussten. Der Bau wurde 1943 erheblich zerstört und der Schaden in den Nachkriegsjahren nur notdürftig behoben. Eine geringe Instandhaltung bei intensiver, auch museumsfremder Nutzung und eine Havarie führten zur Schließung der letzten Museumsräume 1981. Nach ersten nachwendezeitlichen Maßnahmen erfolgte die umfassende Sanierung und Modernisierung des Grassimuseums von 2000 bis 2005 durch Ilg, Friebe, Nauber. Es wurde ein Kunstlichtmuseum geplant, wobei Fensteröffnungen in weiten Teilen des ersten Obergeschosses vollständig geschlossen und somit der regelmäßige Fassadenrhythmus deutlich beeinträchtigt wurde. 2007 konnten die Museen im GRASSI nach mehreren Jahrzehnten des provisorischen bis eingestellten Betriebs wiedereröffnet werden und ihre reichhaltigen Sammlungen angemessen präsentieren. Die Sanierung des Pfeilersaals 2009 und die Rekonstruktion der Albers-Fenster 2011 stellen Höhepunkt und Abschluss der Wiederherstellungsmaßnahmen dar. Die Museen im GRASSI sind im Leipziger Kulturleben präsent und wurden als »Kulturelle Leuchttürme« Ostdeutschlands in das Blaubuch aufgenommen. Neben den Sammlungen werden wechselnde Ausstellungen gezeigt sowie unterschiedliche Sonderveranstaltungen durchgeführt, von denen die herbstliche Grassimesse für zeitgenössisches Design seit 2005 Impulse für ein alljährliches Design-Festival vom GRASSI Open zum Designers Open gibt. Mit ihm wird die Messetradition aus den zwanziger Jahren fortgeführt.

Das Mendelssohn-Haus (I G4; Goldschmidtstraße 12) ◆ war das Wohnhaus von Felix Mendelssohn Bartholdy, das der seit 1835 amtierende Gewandhauskapellmeister von 1845 bis zu seinem frühen Tod 1847 mit seiner Familie bewohnte. Das klassizistische Wohnhaus wurde 1844/45 von Johann Heinrich Walther in der Ostvorstadt errichtet. Nach Mendelssohns Tod verließen seine Frau Cécile und ihre fünf Kinder die Stadt. 1991 wurde auf Initiative von Kurt Masur die Internationale Mendelssohn-Stiftung gegründet, um dem Kapellmeister, der das Gewandhausorchester erstmals über die Grenzen der Stadt hinaus bekannt gemacht hatte, in Leipzig eine Gedenkstätte einzurichten. 1993 erwarb die Stiftung das in der DDR-Zeit stark zerfallene Haus und sanierte es, so dass 1997 anlässlich des 150. Todestages Mendelssohns die Beletage mit rekonstruierter Wohnung als Museum eröffnet werden konnte. Verschiedene Exponate vermitteln die Bedeutung des Musikers für Leipzig als Komponist und Kapellmeister, als Wiederentdecker Bachs und als Begründer des ersten deutschen Konservatoriums. 2017 wurden Ausstellungsräume zur Pianistin und Komponistin Fanny Hensel, der eng mit Mendelssohn verbundenen Schwester, ergänzt und ein Internationales Kurt-Masur-Institut eingerichtet. Im Garten wurde die ehemalige Remise saniert und mit einem Kammermusiksaal für 150 Zuhörer ausgestattet, in dem das musikalische Erbe Mendelssohns durch regelmäßige Konzertaufführungen und Veranstaltungen gepflegt wird.

Das Schumann-Haus (V H3; Inselstraße 18) ist ein klassizistisches Mietswohnhaus, das 1838 von Friedrich August Scheidel in der Ostvorstadt errichtet wurde. Clara und Robert Schumann verlebten hier ihre ersten Jahre als Paar, nachdem sie 1840 ihre Heirat gegen den Willen des Vaters Friedrich Wieck durchgesetzt hatten. Robert Schumann war der in Leipzig geborenen Pianistin Clara Wieck begegnet, als sie noch ein Kind war und er bei ihrem Vater 1828 erstmals Klavierunterricht nahm. 1833 gründete Schumann den Künstlerkreis der Davidsbündler, die sich im Coffe Baum regelmäßig trafen und seit 1834 die *Neue Zeitschrift für Musik* herausgaben. Die Schumanns verließen Leipzig bereits 1844, da Robert Schumann eine Chorleiterstelle in Dresden übernahm. 1856 verstarb er in Düsseldorf – bereits 1875 wurde ihm ein Denkmal im Promenadenring gestiftet. Das Haus in der Inselstraße verfiel während der DDR-Zeit, denn die Aufmerksamkeit galt seit 1956 dem Schumann-Geburtshaus in Zwickau. Der Leipziger Bau wurde erst 1999 denkmalgerecht saniert. Er beherbergt die Freie Grundschule Clara Schumann, und in den Schumann'schen Wohnräumen installierte der Schumann-Verein ein Museum. Anlässlich des 200. Geburtstages der Musikerin Clara Schumann wurde 2019 die neue Dauerausstellung »Experiment einer Künstlerehe – Die Leipziger Zeit der Schumanns« von Beatrix Borchard kuratiert, so dass ein innovatives Dialog-Museum für das Musikerpaar entstand.

Als Teil der östlichen Stadterweiterung entstand im 19. Jahrhundert das **Graphische Viertel** mit der Ansiedlung von zahlreichen Unternehmen der Buchstadt wie Verlagen, Druckereien, Papierhandlungen, Buchbindereien und Antiquariaten. Heute geben nur einzelne Bauten noch Zeugnis von der Dichte des Viertels vor seiner Zerstörung im Zweiten Weltkrieg und vor der Enteignung und Abwanderung mehrerer Verlage nach 1945. Auf einige der früheren Verlagssitze verweisen heute lediglich die Namen wie beim **Brockhaus-Zentrum** (I H3; Querstraße 14–16), von dessen eindrucksvollem Firmensitz nichts mehr erhalten ist. Stattdessen steht hier ein 1995 neu errichtetes Büro- und Geschäftshaus. Das Haus des 1800 in Leipzig gegründeten **Musikverlags C. F. Peters** (I H4; Talstraße 10) ist dagegen sehr gut erhalten. Es wurde 1874 im Stil der italienischen Renaissance von Otto Brückwald errichtet, der auch beim

Bau des Neuen Theaters am Augustusplatz mitgewirkt hatte. Der Musikverlag wurde seit 1900 von Henri Hinrichsen geleitet, bis er 1938 wegen Berufsverbots den Verlag aufgeben musste; wenige Jahre später wurde er im Konzentrationslager Auschwitz ermordet. Seine Söhne Walter und Max gründeten in der Emigration in London und New York und nach 1945 auch in Frankfurt am Main Nachfolgeverlage. Nach der Rückübertragung des Leipziger Hauses Anfang der neunziger Jahre entschied sich die Edition Peters Group, ihren deutschen Sitz ab 2014 in das historische Verlagsgebäude Talstraße zu verlegen. Im Musiksalon des Hauses ist seit 2005 die **Edward-Grieg-Begegnungsstätte** eingerichtet. Grieg, der 1858–62 am Leipziger Konservatorium studiert hatte, war während seiner Aufenthalte in der Musikstadt Gast des Hauses gewesen und hatte neben der engen beruflichen auch eine freundschaftliche Verbindung zu seinem Verleger Max Abraham und seinem Neffen Henri Hinrichsen gepflegt. Auch das **Reclam-Haus**, heute Reclam-Carrée, (V H3; Inselstraße 22–24 / Kreuzstraße 5–7) ist ein sehr gut erhaltenes Verlagshaus, obgleich der Sitz des Verlags Philipp Reclam jun. sich heute in Ditzingen bei Stuttgart befindet. Der Stammsitz des 1828 gegründeten Verlags wurde in Etappen errichtet: 1887 entstand an der Kreuzstraße ein Druckerei- und Lagergebäude, das bis 1905 um ein Geschäftshaus an der Inselstraße von Max Bösenberg erweitert wurde. Im Hof des Reclam-Carrées befindet sich das ehemalige Maschinen- und Kesselhaus für eine völlig autark gehaltene Energieversorgung der Druckpressen. Die Neorenaissancebauten sind mit gelben Klinkerfassaden und roten Ziegelbändern gestaltet. Über dem Haupteingang an der Inselstraße verweist ein allegorisches Relief von Adolf Lehnert auf die unterhaltende und wissenschaftliche Lektüre. Die seitlichen Medaillons zeigen einen Drucker sowie Merkur mit Büchern als Gott des Handels. Auch am südlichen Seitenrisalit findet sich symbolischer Reliefschmuck mit dem Reclam-Verlags-Relief, das Greif

Das Stammhaus des Reclam Verlags an der Inselstraße

und Eule zeigt und für Buchdruck und -handel steht. Ein Goethe-Schiller-Medaillon erinnert an die Bedeutung der Klassiker für den Verlag, der 1867 als ersten Band seiner Universal-Bibliothek Goethes *Faust* herausgab. Aufgrund der politischen Entwicklungen nach 1945 erfolgte der Aufbau des Verlags durch Ernst Reclam auch in Stuttgart. Nach seiner Teilenteignung waren seit Mitte der fünfziger Jahre beide Standorte mit dem Namen Reclam verbunden. Der Verlag Reclam in Leipzig verließ 1972 das Haus Inselstraße und zog in das Gebäude Nonnenstraße 38 (heute Museum für Druckkunst) um. Nach der Reprivatisierung Anfang der neunziger Jahre wurde das desolate Stammhaus Inselstraße verkauft und die denkmalgerechte Sanierung und Modernisierung als Reclam-Carrée für Gewerbe- und Wohnnutzungen von Helmut Bunk und Harry Hartung bis 1995 durchgeführt. 2006 wurde der Leipziger Verlagssitz aufgelöst. Vis-à-vis des Reclam-Hauses eröffnete der Verein »Literarisches Museum« 2018 das **Reclam-Museum** (Kreuzstraße 12), dessen Exponate die Leipziger und Stuttgarter Verlagsproduktion von 1867 bis zur Gegenwart veranschaulichen. Neben einem Bücherautomaten (1912, Dauerleihgabe Reclam Ditzingen) werden dort etwa 10 000 Bücher von Reclams Universal-Bibliothek aus der Privatsammlung von Hans-Jochen Marquardt präsentiert.

Das **Haus des Buches** (V H4; Gerichtsweg 28 / Prager Straße) entstand 1996 auf einem Brachgrundstück, das dem 1825 in Leipzig gegründeten Börsenverein des Deutschen Buchhandels gehörte. Er hatte hier seit 1888 seinen Sitz in einem repräsentativen Bau von Großheim und Kayser, bis dieser im Zweiten Weltkrieg zerstört wurde. Das Haus des Buches entstand nach dem Entwurf von Angela Wandelt und Gerd Heise, die hierfür mit dem Architekturpreis der Stadt Leipzig ausgezeichnet wurden. Das Gebäude wird zum Teil als Literaturhaus Leipzig genutzt und ist Sitz des Leipziger Börsenverein-Büros sowie mehrerer Institutionen und Unternehmen.

Plätze, Parks und Grünanlagen

Auf dem **Johannisplatz** (I G/H4) stand die ehemalige Kirche St. Johannis, deren Ursprung auf das 13. Jahrhundert zurückging. Im Schmalkaldischen Krieg wurde die Kirche 1547 zerstört, 1584 wieder aufgebaut und erhielt 1749 von George Werner einen markanten barocken Turm. 1894 wurde sie bis auf den Turm abgebrochen und nach Plänen von Hugo Licht im Stil des Neobarock neu gebaut. Nach erheblichen Kriegszerstörungen wurde die Ruine des Kirchenschiffs 1949 abgetragen, während der barocke Kirchturm für den Erhalt gesichert wurde. Das seit 1897 in der Johanniskirche angelegte Bach-Grab fand in der Thomaskirche seinen Bestimmungsort. Das Gellert-Grab kam zunächst in die Paulinerkirche und 1968 auf den Südfriedhof, während die frühere Grabplatte heute am Grassimuseum installiert ist. Ungeachtet der ersten Erhaltungsabsicht erfolgte 1963 die Sprengung des Turms, und der Johannisplatz verlor seinen jahrhundertelang prägenden Akzent. 2006 wurde die Brachfläche als grüner Platz nach dem Entwurf von Cornelia Müller und Jan Wehberg gestaltet, dabei wurden Spuren der früheren Kirche aufgenommen; ein grünes Plateau und akzentuierte Pflanzungen machen die Einfriedung und das ehemalige Kirchenschiff kenntlich.

Der **Alte Johannisfriedhof** (I H4 / V H4; Täubchenweg) bildete vom 13. bis zum späten 19. Jahrhundert eine Einheit mit der Johanniskirche und dem Alten Johannishospital vor den Toren der Stadt. 1883 erfolgte hier die letzte Bestattung, und seit Anfang des 20. Jahrhunderts wird die Anlage mit ihren alten Baumbeständen als musealer Friedhofspark genutzt. 1925 entstand auf den beiden ältesten, säkularisierten Friedhofsabteilungen das Neue Grassimuseum. 1981 wurden das Grassimuseum und der Friedhofspark aufgrund mangelnder Instandhaltung gesperrt. Nach einer umfassenden Sanierung 1995 ist die denkmalgeschützte Parkanlage wieder zugänglich. Hier finden sich Grabsteine der Leipziger Kaufmanns- und Bankiersfamilien wie Christian Gottlob Frege, Albert Dufour-Féronce und Gustav Harkort. Dem 1880 verstorbenen Stifter Franz Dominic Grassi ist ein markantes Grabmal in Form eines Obelisken gewidmet, dem sich ursprünglich eine Frauenfigur mit Ehrenkranz und ein Putto zuwandten. Von den typischen Grufthäusern ist eine barocke Grabstätte (1726) unmittelbar hinter dem Grassimuseum erhalten, die 1843 dem Verlagsbuchhändler Friedrich Gotthelf Baumgärtner gewidmet wurde. Nur wenige Gräber sind heute noch intakt, so dass der Johannisfriedhof als letzte Stätte vieler Leipziger Persönlichkeiten oftmals nur schriftlich belegt ist wie im Fall von Adam Friedrich Oeser und Johann Adam Hiller. Nachdem auch der Neue Johannisfriedhof Mitte der siebziger Jahre säkularisiert und 1983 zum Friedenspark umgestaltet worden war, wurden zahlreiche seiner Grabsteine auf dem Alten Johannisfriedhof provisorisch gelagert. Rund sechzig Grabmonumente hat man 1991 zu einem Lapidarium im südlichen Bereich zusammengestellt. Hier finden sich die Grabmale der Frauenrechtlerinnen Auguste Schmidt und Luise Otto-Peters sowie des Verlegers Anton Philipp Reclam, der Verlegerfamilie Brockhaus und des Kaufmanns Karl Heine.

Musikviertel und Südvorstadt

Sakralbauten

Die evangelische **Peterskirche** (III G5; Schletterstraße 5) wurde von August Hartel und Constantin Lipsius als neogotischer Bau 1885 errichtet und war damit der erste evangelische Kirchenneubau Leipzigs nach der Reformation. Aufgrund der stark angewachsenen Gemeinde hatte sich die alte Peterskirche von 1507 im Stadtzentrum als zu klein erwiesen, so dass ein Neubau notwendig geworden war. Die spätgotische Peterskirche wurde 1886 abgebrochen, und an ihrer Stelle entstand ein repräsentatives Bankgebäude, in dem heute die Musikschule Johann Sebastian Bach ihren Sitz hat. Im Tausch des Areals an der Petersstraße erhielt die Gemeinde das Grundstück in der Südvorstadt. Auffallend ist der ungewöhnlich hohe Glockenturm, der mit 88 Metern der höchste Kirchturm Leipzigs ist und sich aus der Wirksamkeit bis ins Stadtzentrum erklärt. Der historistische Kirchenbau orientiert sich in Raumgestalt und Details an der Gotik französischer Kathedralen. Das Westportal ist als Doppelturmfront ausgebildet und nimmt die Breite des Hauptschiffes auf, während die Querfassaden der schmalen Seitenschiffe zurückgestaffelt sind. Der Besucher betritt den Raum über einen offenen Triangelportikus, über dem die Westfassade mit einer großen Maßwerkrose und einer Figurengalerie geschmückt ist. Der Kirchenraum beeindruckt durch sein großzügiges Mittelschiff mit einer beachtlichen Breite von 17 Metern und einer Höhe von 25 Metern, während die Seitenschiffe mit rund drei Metern sehr schmal gehalten und durch Emporen gegliedert sind. In der Hallenkirche sind die kräftigen Bündelpfeiler bis zum Rippengewölbe freigestellt, so dass die Seitenschifffassaden den Raumabschluss bilden. Ihre hohen Spitzbogenöffnungen sind mit Buntglasfenstern ausgestattet und erzeugen eine sakrale Atmosphäre. Im Obergaden des Ostchors zeigt das Hauptfenster die Verklärung Christi, dem eine Darstellung des Königs David in der Westrose gegenübersteht. Das Altarretabel gestaltete August Hartel aus französischem Kalkstein mit figürlich-architektonischem Schmuck; auch die Kanzel und das Lesepult wurden von ihm entworfen. Die Peterskirche war durch Zerstörungen im Zweiten Weltkrieg und durch lediglich notdürftige Instandhaltung in der DDR-Zeit stark in Mitleidenschaft gezogen. Seit der politischen Wende begann ein sukzessiver Sanierungsprozess, der durch die engagierte Kirchgemeinde und den

1991 gegründeten Bauverein initiiert wurde. Sie brachten erhebliche Finanzmittel auf, um staatliche Förderungen durch Eigenanteil zu ergänzen. Die etappenweise Instandsetzung und Restaurierung der baulichen Substanz konnten für die äußeren Bereiche mit Dach, Fassaden, Turm und Westwerk 2014 abgeschlossen werden. Die Taufkapelle und die Buntglasfenster wurden saniert; weitere Baumaßnahmen in Kirchenschiff und Innenräumen folgen in den kommenden Jahren.

Profanbauten

Die **Stadtbibliothek** (III F4; Wilhelm-Leuschner-Platz 10–11) war ursprünglich als das erste Grassimuseum (vgl. dazu auch S. 111) 1892–95 von Hugo Licht errichtet worden. Die markante Neorenaissancefassade verweist auf den repräsentativen Charakter der städtischen Institution. Über einem hohen rustizierenden Sockel erhebt sich eine Kolossalordnung korinthischer Säulen, an deren Postamenten sich Reliefdarstellungen zu Völkerkunde und Kunstgewerbe von Carl Seffner, Adolf Lehnert und Jacob Ungerer finden. Der heutige Abschluss mit kräftigem Gesims und Balustrade wurde ursprünglich durch ein hohes Dach mit Frontgiebel ergänzt, das beim vereinfachten Wiederaufbau in der Nachkriegszeit entfiel. Die Proportionen des Gebäudes waren auf die städtebaulich-monumentale Wirkung am früheren Königsplatz abgestimmt. Das erste Grassimuseum nahm die Sammlungen des Museums für Kunsthandwerk und des Museums für Völkerkunde auf, die seit 1874 im zentral gelegenen Alten Amtshaus (Kunstgewerbe) beziehungsweise im Alten Johannisstift (Völkerkunde) gezeigt worden waren. Nach dem Umzug des Museums in den Neubau am Johannisplatz 1927 wurde das Gebäude in Erbpacht der Textilmesshaus-AG überlassen. Nach den erheblichen Zerstörungen im Zweiten Weltkrieg und dem vereinfachten Wiederaufbau war der Bau Kombinatssitz des VEB Chemieanlagenbau. Die Stadtbibliothek bezog 1991 den Bau als Hauptstelle der Leipziger Städtischen Bibliotheken und erhielt somit nach jahrzehntelangen Provisorien einen dauerhaften, zentral gelegenen Hauptsitz. 2010–12 wurde das Gebäude von Kister, Scheithauer, Gross Architekten saniert und modernisiert.

Das Gebäude des **Bundesverwaltungsgerichts** (III F4; Simsonplatz 1) erbauten 1888–95 Ludwig Hoffmann und Peter Dybwad für das Reichsgericht. Der Bau war neben dem Berliner Reichstagsgebäude der zweite Staatsbau des Wilhelminischen Zeitalters und für die ordentliche Gerichtsbarkeit des Deutschen Reichs von nationaler Bedeutung. Dies kommt in der zeittypischen Monumentalität und in der historistischen Sprache zum Ausdruck, bei der sich die jungen Architekten Hoffmann und Dybwad an dem zuvor entworfenen Berliner Reichstagsbau von Paul Wallot orientierten. Der Neorenaissancebau stellt sich als imposanter Block von 126 × 76 Metern im Stadtraum dar. Weithin sichtbar ist seine Kuppel, die durch einen quadratischen Tambour bis auf 68 Meter erhöht und auf eine markante Fernwirkung von allen Seiten angelegt ist. Ihren Abschluss bildet die Figur *Wahrheit* von Otto Lessing. Die Fassade zum Simsonplatz ist durch einen hohen Portikus in korinthischer Kolossalordnung mit Freitreppenanlage geprägt, die den Zugang zum Vestibül und zur zentralen Wandelhalle inszenieren. Im Giebelfeld ist die Figur der Justitia dargestellt. Die vollständig in Sandstein ausgeführten Fassaden verleihen dem Bau repräsentativen Charakter, der durch den rustizierenden Sockel und die regelmäßige Gliederung der beiden Hauptetagen erzeugt wird. An den anderen drei Seiten unterstützen säulengeschmückte Risalite den monumentalen Ausdruck. Der figürliche Bauschmuck findet sich in den Brüstungsfeldern sowie im Attika- und Giebelbereich. An der zum Stadtzentrum weisenden Südfassade stellen sechs Statuen die Persönlichkeiten vom mittelalterlichen

Rechtsbuchverfasser bis zum preußischen Rechtsgelehrten dar wie Repgow, Schwarzenberg, Moser, Svarez, Feuerbach und Savigny. Der Bau wurde 1952–91 als Georgi-Dimitroff-Museum geführt, benannt nach dem Politiker der Bulgarischen Kommunistischen Partei, der nach dem spektakulären Reichstagsbrand-Schauprozess im Reichsgericht und seinem Freispruch 1934 die sowjetische Staatsbürgerschaft erhielt und in Moskau als Held von Leipzig gefeiert wurde. Da das Bildermuseum am Augustusplatz im Zweiten Weltkrieg weitgehend zerstört worden war, erfolgte die Präsentation der Sammlung im Gerichtsgebäude. Nach der Sanierung wird das Gebäude seit 2002 als Bundesverwaltungsgericht genutzt. Öffentlich zugänglich sind Kuppelhalle, Haupttreppe, Galerie und Großer Sitzungssaal. Das Reichsgerichtsmuseum zeigt die wechselhafte Geschichte des Reichsgerichtsgebäudes und seiner Nutzer.

Die **Bibliotheca Albertina** (III F4; Beethovenstraße 6), 1885–91 von Arwed Roßbach errichtet, erweiterte die stark expandierende Universität. Die Bibliothek geht auf den Bestand des Paulinerklosters zurück, der nach der Säkularisation 1543 der Universität überlassen worden war. Das neue Gebäude im Musikviertel erhielt ebenso wie das Albertinum am Augustusplatz seinen Namen zu Ehren des regierenden Königs Albert von Sachsen. Der Monumentalbau ist mit einer repräsentativen Sandsteinfassade gestaltet, die sich an dem benachbarten Gerichtsbau orientiert. Dies zeigt sich in dem stark rustizierenden Sockel, den korinthischen Kolossalpilastern und dem Abschluss mit Kranzgesims und Balustrade. Die Eckrisalite sind mit Nischen ausgestattet, in denen ursprünglich acht Skulpturen wichtige Universitätsmäzene und ehemalige Studierende wie Goethe, Lessing, Leibniz und Thomasius darstellten. Die Eingangssituation ist durch einen Mittelrisalit hervorgehoben, der durch Kolossalsäulen ausgeprägt plastisch wirkt. An seiner Attika finden sich figürliche Darstellungen der vier Fakultäten Theologie, Philosophie, Jurisprudenz und Medizin von Arthur Trebst. Eine Wappenkartusche bildet den oberen Abschluss. Die drei Rundbogenportale sind mit symbolischen Darstellungen der Schönheit, Weisheit und Stärke von Josef Kaffsack geschmückt. Die Längsfassaden erscheinen sehr unterschiedlich, da die Südseite zum früheren Gewandhaus repräsentativ und die nördliche Hoffassade zur angrenzenden Kunstakademie in gelben Verblendklinkern einfacher gestaltet ist. Diese Südseite ist von dem apsidialen Lesesaal bestimmt, der als zentraler Raum der Bibliothek durch hochgelegene Rundbogenfenster belichtet wird. Eindrucksvoll sind auch das Vestibül und die großzügige Haupttreppenhalle mit Loggienumgang. Nach erheblichen Kriegszerstörungen erfolgte zunächst nur eine notdürftige Sicherung der Ruine. Die originalgetreue Rekonstruktion wesentlicher Elemente wie der Haupttreppenhalle, des Lesesaals und des Ostflügels konnte erst 1994–2002 erfolgen.

Die **Hochschule für Grafik und Buchkunst** (III F4; Wächterstraße 11) wurde als Königliche Kunstakademie und Kunstgewerbeschule 1887–90 von Otto Warth, Otto Wanckel und Hugo Nauck errichtet. Die Hochschule war als Zeichnungs-, Malerey- und Architectur-Academie 1764, als eine der ersten deutschen, unter der Leitung von Adam Friedrich Oeser begründet worden und hatte ihren Sitz bis 1890 in der Pleißenburg. Das im Zweiten Weltkrieg erheblich zerstörte Gebäude wird seit 1950 als Hochschule für Grafik und Buchkunst Leipzig geführt, die mit der Leipziger Schule der Malerei auf sich aufmerksam machte. 1994–2001 erfolgte die umfangreiche Rekonstruktion und Modernisierung des Bestands. Der Hochschulbau ist ebenso wie die angrenzende Bibliotheca Albertina als Neorenaissancebau gestaltet, allerdings weniger monumental. Der repräsentative Charakter kommt in der reichhaltigen Verwendung von Sandsteinelementen und figürlichem Schmuck zum Ausdruck. Der Mittelrisalit zeigt eine differenzierte Gliederung der drei Etagen vom Sockel mit Säulenportikus bis zum Dachgeschoss, dessen Abschluss ein Segmentbogengiebel mit sächsischem Wappen bildet. Im Innern schließt sich an das Vestibül der zentrale Lichthof mit Arkadengängen an, der alle drei Etagen miteinander verbindet. Dieser Raum wird ebenso wie die zur Galerie umgebaute Aula regelmäßig für Ausstellungsinstallationen der Klassen Malerei, Grafik, Buchkunst, Grafikdesign, Fotografie und Medienkunst genutzt.

Die **Hochschule für Musik und Theater »Felix Mendelssohn Bartholdy«** (III F4; Grassistraße 8) wurde als Königliches Konservatorium der Musik 1885–87 von Stadtbaurat Hugo Licht gebaut. Die Gründung des ältesten deutschen Konservatoriums geht auf Felix Mendelssohn Bartholdy im Jahr 1843 zurück, der zunächst in Räumen des Gewandhauses unterrichtete. Zeitgleich mit dem Neuen Gewandhaus, das an der Grassistraße von Martin Gropius und Heino Schmieden 1884–87 errichtet worden war, entstand der Neubau für die Musikhochschule nur einen Block entfernt davon. Licht orientierte sich mit dem Konservatorium am Gewandhaus und gestaltete einen Sandsteinbau in Formen der Neorenaissance mit feiner Horizontalgliederung und einzelnen Schmuckelementen wie der Stadtwappenkartusche am Mittelrisalit. Nach den Kriegszerstörungen wurde das Gebäude vereinfacht, ohne den ursprünglichen Großen Saal, wiederaufgebaut. 1995–2001 ergänzte Eckhard Gerber einen hofwärtigen Südflügel für einen neuen Großen Saal. In Analogie zu einem Klangkörper ist er mit einer Fassade aus warmtonig lasierten Furnierschichtholztafeln und Glas ausgebildet und zeigt sich bewusst als Neubau im Bestand. Die Hochschule nutzt seit 1951 auch die Villa Grassistraße 1 (1898) und seit 2002 ein ehemaliges Bankgebäude (1908) am Dittrichring 21.

Das **Deutsche Literaturinstitut Leipzig** (III F4; Wächterstraße 34) hat seinen Sitz in der ehemaligen Villa Giesecke, die Carl William Zweck für den Druckereibesitzer

Johannes Giesecke 1908 errichtete. Es ist eines der freistehenden bürgerlichen Wohnhäuser im Musikviertel und zeigt sich im Sinne der Reformarchitektur als plastisch gestalteter Baukörper mit Runderkern, Bogengiebeln und hohem Walmdach. Das Literaturinstitut ist die Nachfolgeeinrichtung des Johannes-R.-Becher-Instituts, das 1955–91 die akademische Ausbildungsstätte für Schriftsteller im deutschsprachigen Raum war. Zu den Studierenden gehörten Heinz Czechowski, Kurt Drawert, Adolf Endler, Sarah Kirsch, Angela Krauß, Erich Loest sowie Kerstin Hensel, die sich erinnert, dass es hier genug Menschen gab, »die die Augen vor der Wirklichkeit nicht schließen wollten, und lernten und lehrten, worauf es ankam.« Nach der Wende wurde das traditionsreiche Institut zunächst aufgelöst, um 1995 unter der Leitung von Bernd Jentzsch als Institut der Universität Leipzig wiederbegründet zu werden. Es folgten neue Generationen von Autoren mit Nora Bossong, Martina Hefter, Jan Kuhlbrodt, Jo Lendle, Clemens Meyer, Kerstin Preiwuß, Ulrike Almut Sandig und Juli Zeh. Die Villa bietet mit ihrem großräumigen Salon einen zentralen Veranstaltungsraum für Vorträge und Lesungen.

♦ Die **Galerie für Zeitgenössische Kunst** (III E/F4; Karl-Tauchnitz-Str. 9–11) wurde Anfang der neunziger Jahre durch den Galeristen Klaus Werner, den Kunstmäzen Arend Oetker und den GfZK-Förderverein initiiert, um einen seit langem fehlenden Ausstellungsort für zeitgenössische Kunst in Leipzig zu schaffen. Die Galerie entwickelte sich etappenweise zu einem Ensemble aus Bestands- und Neubauten und präsentiert ihre Sammlung und wechselnde Ausstellungen zu aktuellen Themen wie kulturelle Territorien, Heimat, Moderne und schrumpfende Städte. Die Neorenaissancevilla wurde von Karl Weichart und Bruno Eelbo 1894 errichtet und nach ihrem zweiten Besitzer, dem Verleger Edgar Herfurth, als Herfurth'sche Villa bezeichnet. Sie wurde 1994–98 von Peter Kulka zur Galerie umgestaltet und ergänzt. Den gründerzeitlichen, teilweise maroden Bestand hatte Kulka bis auf die drei historistisch gestalteten Räume Editionenraum, Salon und Musikzimmer entkernt, um auf zwei Ebenen Räume nach dem klassisch-modernen Prinzip von neutralen Ausstellungsräumen als *White Cube* zu gestalten, bei dem die Architektur sich gegenüber den Kunstwerken zurücknimmt. Die Erschließung des Hochparterres verlegte der Architekt mit einer großzügigen Freitreppe nach außen, was dem Haus eine einladende Geste verleiht. Anstelle der zentralen raumgreifenden Treppenhalle entstand auf zwei Ebenen das Laboratorium, ein Raum für Wechselausstellungen in der Mitte des Hauses. Ein gartenseitiger Erweiterungsbau zeigt den Wandel des Hauses in einer kontrapunktisch-modernen Gestaltung gegenüber dem Gründerzeitgebäude. Mit der 1998 eröffneten Galerie ist ein außerordentliches Beispiel zeitgenössischen Bauens im Bestand realisiert worden. Wenige Jahre später konzipierten Paul Grundei, Stefanie Kaindl und Christian Teckert mit der Direktorin Barbara Steiner ein zweites Ausstellungsgebäude (2004) auf dem angrenzenden Gartenareal. Dieser polygonale Pavillon ist durch ein wandelbares Raumangebot geprägt, in dem unterschiedlichste Präsentationsformen von Ausstellungen, Projektionen, Performances, Filmvorführungen und Vorträgen möglich sind. Architektur wird als Akteur im Prozess der Raumverhandlung verstanden, und das Galeriekonzept reagiert auf die Vielfalt zeitgenössischer Kunstpraxis. In den wechselnden Ausstellungen präsentieren sich Exponate und Raum jeweils in neuen Konfigurationen. Ein großes Schaufenster vermittelt die Kunstthemen in die städtische Öffentlichkeit, und auch das verglaste Galeriecafé erweist sich als Gegenstand künstlerischer Interventionen; es wird seit der Eröffnung als »Club Weezie« in Intervallen als »Paris Syndrom«, »KAFIC«, »bau bau« und »DAS KAPITAL« weitergeführt. Neben der Villa und dem Neubau, die jeweils mit Architekturpreisen ausgezeichnet wurden, gehört auch ein Gartenhaus zum GfZK-Ensemble. Diese Remise wurde um einen Quaderbau ergänzt, in dem ein Raum von Jun Yang als »Hotel Paris Syndrom« (2010) und ein Raum von Christine Hill als »Hotel Volksboutique« (2012) eingerichtet wurden; sie können für Übernachtungen gebucht werden. Auch der Garten wird als Galerieort verstanden: Dort gibt es neben permanenten Installationen wie »Labyrinth« (1998) von Olaf Nicolai oder »The Present Order: Postscript« (1991) von Ian Hamilton Finlay auch temporär ausgestellte Arbeiten zu entdecken.

Plätze, Parks und Grünanlagen

Der **Pleißemühlgraben** (III F4/5) ist ein bereits im Mittelalter künstlich angelegter Nebenarm als Verbindung von Pleiße und Parthe im Leipziger Stadtgebiet, der den Betrieb der Leipziger Mühlen bis ins 19. Jahrhundert garantierte. In den 1860er Jahren erhielt der Pleißemühlgraben im Rahmen der städtebaulichen Verdichtung steinerne Ufermauern. Ein Großteil des Grabens wurde seit den 1950er Jahren wegen starker Wasserverschmutzung mit einer Wölbleitung überdeckt und verschwand somit aus dem Stadtbild. 1990 gründete eine Bürgerinitiative das Stadt-Kultur-Projekt »Neue Ufer« zur Rekultivierung der Leipziger Gewässer, in dessen Kontext die Aktion »Pleiße ans Licht« zur Freilegung des Pleißemühlgrabens entstand. Das Konzept wurde sukzessive in die Stadtplanung integriert und seit Mitte der neunziger Jahre konnten mehrere Abschnitte wieder freigelegt werden. Eine Sequenz des im Jahr 2000 freigelegten Pleißemühlgrabens (Beethoven-, Karl-Tauchnitz-Straße) erstreckt sich vor dem Bundesverwaltungsgericht und bildet im Zusammenspiel mit der neuen Freiraumgestaltung hochwertige Stadträume am **Simsonplatz** (III F4) und an der Fritz-von-Harck-Anlage.

Der Pleißemühlgraben am Simsonplatz wurde um 2000 wieder freigelegt.

Nach dem Entwurf von Angela Wandelt entstanden Geländereinfassungen der steinernen Ufermauern sowie blaue Leuchtstelen, die bereits von weitem auf den wieder erlebbaren Wasserlauf verweisen. Heinz-Jürgen Böhme konzipierte eine rote Wasserwalze für den Graben, die an die frühere Funktion des Wasserlaufs für die Leipziger Mühlen erinnert. Weiter südlich, im Bereich des früheren Gewandhaus-Standorts wurde 2007 das Mendelssohnufer (III F5; Riemannstraße, Beethovenstraße) neu gestaltet. Dieser Uferbereich ist zugleich oberer Abschluss einer Tiefgarage von RKW Architekten. In einer linearen Freiflächengestaltung wird mit Holzsitzquadern das Motiv von ersten Takten des Mendelssohn'schen e-Moll Violinkonzerts angedeutet. Die von Walter Arnold 1947 geschaffene Mendelssohn-Büste wurde hier aufgestellt, unweit des Standorts des ersten Mendelssohn-Denkmales, das 1936 von den Nationalsozialisten zerstört worden war.

Kolonnadenviertel und Bachviertel

Denkmal

Das **Synagogen-Denkmal** (I F3; Gottschedstraße 3) wurde als »Gedenkstätte am Ort der Großen Gemeindesynagoge für die während der Zeit des Nationalsozialismus ausgegrenzten, verfolgten und ermordeten jüdischen Bürgerinnen und Bürger der Stadt Leipzig« 2001 eingeweiht. Die 1847 offiziell begründete Israelitische Religionsgemeinde hatte durch den Semper-Schüler Otto Simonson 1855 die Große Synagoge mit Plätzen für 1600 Gemeindemitglieder errichten lassen. In der Pogromnacht am 9. November 1938 wurde sie durch Brandstiftung zerstört, und anschließend zwangen die Nationalsozialisten die Israelitische Gemeinde zum Abbruch der Ruine. Nach 1945 blieb das Grundstück zunächst eine Brache, und später wurde ein Parkplatz angelegt, in dessen Randbereich 1966 eine Gedenkstele aufgestellt wurde. In den neunziger Jahren plädierten verschiedene Initiativen für die Errichtung eines Gedenkortes. Das von Anna Dilengite und Sebastian Helm entworfene Denkmal zeichnet den trapezförmigen Synagogengrundriss mit der Apsis durch eine Ligusterpflanzung nach. Durch ein erhöhtes Plateau wird das darin eingeschriebene rechteckige Hauptschiff verdeutlicht; hier sind 140 Bronzestühle aufgestellt. Der leere Einzelstuhl, zehnmal nebeneinander in vierzehn Reihen aufgestellt, ist Symbol für den Verlust der einzelnen Menschen sowie der jüdischen Gemeinschaft, die durch die systematische Verfolgung aus Leben und Kultur der Stadt verschwanden. Das Plateau kann über eine Rampe und einen Metallsteg erschlossen werden, so dass sich beim Durchschreiten des Gedenkraums verschiedene Perspektiven der Außen- und Innenbetrachtung ergeben. Bronzene Schrifttafeln an einer flachen Betonmauer berichten in Englisch, Deutsch und Hebräisch von der Geschichte der Synagoge bis zu ihrer Zerstörung.

Profanbauten

Das **Schauspielhaus** (I F3; Bosestraße 1) ist die Spielstätte, die das städtische Schauspiel nach der Kriegszerstörung des Alten Theaters an der Rannischen Bastei bezog. Seit 1946 spielte das Ensemble zunächst in dem behelfsmäßig gesicherten Bau des ehmaligen Centraltheaters in der Bosestraße, das August Schmidt und Alfred Johlige 1901 als Operettentheater errichtet hatten. Auf der Grundsubstanz des Bestands konzipierten Karl Souradny, Rolf Brummer und Franz Herbst 1955/56 einen neuen fünfgeschossigen Bau. Die neoklassizistische Fassadengestaltung orientiert sich am Alten Theater, das bereits 1766 im Stadtzentrum errichtet und 1817 durch den Baumeister Friedrich Weinbrenner klassizistisch umgestaltet worden war. Der Neubau entsprach in seiner historischen Anlehnung der programmatischen Architektur der »Nationalen Tradition«. Zur Bosestraße erhielt die Theaterfront einen plastischen Akzent mit einem Eingangsportikus und einem Mittelrisalit, der das rund 30 Meter hohe Bühnenhaus aufnimmt. Der Innenraum ist als eindrucksvolles Einrangtheater angelegt. Im Foyer erinnern eine Büste und ein Porträtrelief an zwei Persönlichkeiten der frühen Leipziger Theaterkultur: Gotthold Ephraim Lessing und Friederike Caroline Neuber. Die Neuber'sche Komödiantengesellschaft erhielt bereits 1727 das sächsische Hofprivileg, in Leipzig ein Theater zu führen. Neuber etablierte das Schauspiel als eine deutschsprachig-bürgerliche Institution im Unterschied zum französisch-höfischen Unterhaltungstheater oder zur populären Hanswurstkomödie. So förderte sie die Theaterreform zunächst mit Unterstützung durch Johann Christoph Gottsched, später arbeitete sie mit Lessing zusammen und inszenierte 1748 sein erstes Stück *Der Junge Gelehrte*. In den Jahren 2002–07 wurde das Schauspielhaus durch Angela Wandelt denkmalgerecht saniert, wobei Umbauten aus den siebziger Jahren zugunsten einer Rekonstruktion der originalen Interieurs der fünfziger Jahre entfernt wurden.

Das **Bachviertel** (III E4) gehört mit dem Waldstraßenviertel zu den gut erhaltenen Leipziger Gründerzeitvierteln und ist Mitte bis Ende des 19. Jahrhunderts als repräsentative, westliche Stadterweiterung entstanden. Benannt ist das Viertel nach der zentralen Sebastian-Bach-Straße. Es erstreckt sich zwischen den Straßenzügen der Ferdinand-Lasalle-Straße und der Käthe-Kollwitz-Straße und ist von der Blockrandbebauung geprägt, in die sich freistehende Villenbauten einfügen. Arwed Roßbach errichtete hier 1880 die **Villa Gebhardt** (IV D4; Sebastian-Bach-Straße 53) im Stil der italienischen Renaissance für den Verlagsbuchhändler Leopold Gebhardt. Der Architekt Max Pommer baute 1885 die **Villa Meyer** (IV D4; Käthe-Kollwitz-Straße 115) für den Verleger Julius Meyer nach dem Vorbild italienischer Palazzi; ein Jahre später errichtete er für seinen Bauherrn und Förderer auch die ersten der sozialreformerischen Meyer'schen Häuser (s. a. Lindenau). Im Jahr 1885 baute er auch das **Haus Pommer** (III E4; Hillerstraße 9), in dem er selbst wohnte und seit 1898 sein erfolgreiches Unternehmen Pommer Eisenbetonbau führte. Das Gebäude der heutigen **Thomasschule**, Schola Thomana (III E4; Hillerstraße 7), wurde 1879 von dem Architekten Lüders für die IV. Bürgerschule als Neorenaissancebau errichtet und seit 1951 (mit Unterbrechung) als Thomasschule genutzt. Die ursprüngliche Thomasschule im Bachviertel (Schreberstraße) war als Ersatz für den nicht mehr ausreichenden Schulbau am Thomaskirchhof von August Friedrich Viehweger 1877 errichtet, jedoch im Zweiten Weltkrieg zerstört worden. Die Thomasschule ist eine der ältesten öffentlichen Schulen Deutschlands und wurde durch den Augustiner-Chorherrenstift St. Thomas 1212 begründet; ein Teil ihrer Schülerschaft bildet den Thomanerchor. In den letzten Jahren wurde im Bachviertel das **Forum Thomanum** (I F3) ausgebaut, mit mehreren Bil-

Im Haus des ersten Schrebervereins befindet sich das Deutsche Kleingärtnermuseum.

dungseinrichtungen von einer Kindertagesstätte über die Grundschule bis zum Gymnasium. Darüber hinaus ist das 1881 von Viehweger errichtete Alumnat (III E4; Hillerstraße 8) ein Internat für die externen Schüler. Die Villa Thomana, ursprünglich Villa Ledig (III E4; Sebastian-Bach-Straße 3), wurde 1883 von Max Pommer im Stil der italienischen Renaissance errichtet und gehört heute als Probenzentrum auch zum Forum. Die Lutherkirche (III E4; Ferdinand-Lasalle-Straße 25), 1886 von Julius Zeißig erbaut, ist als Konzert- und Veranstaltungsort in den Bildungscampus Forum Thomanum einbezogen.

Das Deutsche Kleingärtnermuseum (III E3; Aachener Straße 7) ist in dem Vereinshaus des ersten Schrebervereins eingerichtet. Den Verein gründete 1864 der Reformpädagoge Ernst Innozenz Hauschild in Leipzig und benannte ihn nach seinem 1861 verstorbenen Schwiegervater, dem

Arzt Dr. Moritz Schreber. Zunächst bestand das Vereinsziel in der Anlage eines Spielplatzes im Johannapark als Angebot für die in der Großstadt aufwachsenden Kinder, die einen Ort zur Bewegung an der frischen Luft haben sollten. Später ließ der Pädagoge Heinrich Karl Gesell dort auch Gärten anlegen, die sich bald zu Familiengärten und später zu Kleingärten entwickelten – von hier aus verbreitete sich die Idee des Schrebergartens, der inzwischen zum Synonym für Kleingärten geworden ist. Der Förderverein ließ das 1896 gebaute Vereinshaus, einen denkmalgeschützten Fachwerkbau, nach der Wende sanieren und eröffnete ihn zu seinem 100-jährigen Bestehen als Museum. Eine anspruchsvolle Ausstellung illustriert die Geschichte der deutschen Kleingärtnerbewegung. Sie zeigt die Entwicklung von den ersten Kleingärten 1814 im norddeutschen Kappeln an der Schlei, über die Entstehung der Leipziger Schreberbewegung bis zur Kleingartenkultur im 21. Jahrhundert, dabei werden die unterschiedlichen Facetten von den Armengärten, der Naturheilbewegung, den Laubenkolonisten bis zu den Gärten von Bürgerinitiativen dargestellt. Zum Museum gehört auch ein Garten mit historischen Gartenlauben.

Plätze, Parks und Grünanlagen

Der **Dorotheenplatz** (III F4) zeichnet die Platzfigur des Entrees zum ehemaligen **Apel'schen Garten** nach, der als einer der prächtigsten Barockgärten 1702 durch David Schatz vor den Stadttoren angelegt wurde. Der Leipziger Kaufmann Andreas Dietrich Apel hatte einen fächerförmigen Garten nach feudalem Vorbild konzipieren lassen, dessen Zugang am heutigen Dorotheenplatz lag. Mit Kolonnaden wurde die Hauptachse des Gartens markiert, die sich in der heutigen **Kolonnadenstraße** (III F/E4) widerspiegelt. Die strahlenförmig verlaufende Elster- und Reichelstraße entsprechen den früheren Parkgrenzen. Während seines Leipzig-Aufenthalts hob Goethe Apels Garten als königlich hervor. Ende des 18. Jahrhunderts wurde der Garten aufgegeben, um 1850 von seinem neuen Besitzer Karl Heine parzelliert und mit bürgerlichen Wohnhäusern bebaut zu werden. Nach Zerstörungen im Zweiten Weltkrieg war der Platz jahrzehntelang eine Brache. Anfang der achtziger Jahre konnte im Rahmen eines »Experimentalvorhabens zu Umgestaltungsgebieten« für den Dorotheenplatz und die Kolonnadenstraße eine Sonderlösung des industriellen Wohnungsbaus von Dietmar Fischer und Frieder Hofmann realisiert werden. Die Wohnbauserie 70 wurde modifiziert und speziell entworfene Ladenzonen, Keramikfassaden, Dachformen und mehrere Sonderdetails wurden ausgeführt, so dass die Neubauten mit den zur Verfügung stehenden limitierten Mitteln bemerkenswert in den urbanen Kontext integriert werden konnten. Anfang der neunziger Jahre wurden Nachbildungen der ursprünglich von Balthasar Permoser (1651–1732) für den Platz gestalteten Originalstatuen Jupiter und Juno aufgestellt. Das Quartier erfährt eine hohe Akzeptanz; neben der traditionellen Gaststätte Apels Garten am Dorotheenplatz haben sich der Kunstverein Leipzig sowie Grafiker, Künstler, Architekten und Designer mit ihren Ateliers angesiedelt.

Waldstraßenviertel und Rosental

Sakralbauten

Innerhalb eines als Wohnhaus errichteten Gebäudes wurde 1904 die **Brodyer Synagoge**, auch Talmud-Thora-Synagoge (I F2; Keilstraße 4), eingeweiht. Ein symmetrisches Doppelwohnhaus war in der Keilstraße Nr. 4 und 6 wenige Jahre zuvor von Georg Wünschmann 1898 im Stil eines norddeutschen Bürgerhauses errichtet worden. Nach einem Besitzerwechsel ließ der Talmud-Thora-Verein das Erd- und Obergeschoss der westlichen Doppelhaushälfte durch Oscar Schade zum Betsaal umgestalten, darüber entstanden Bibliotheks- und Religionsräume. Die regelmäßig gestaltete Fassade mit werksteingefassten Fenstern und roten Ziegelflächen wurde nur geringfügig verändert, so dass der doppelgeschossige Betsaal erst auf den zweiten Blick ablesbar ist. Lediglich der Einsatz von farbigem Bleiglas in den Rundbogenfenstern und der darüberliegenden Fensterreihe verweist auf die sakrale Funktion. Im Innern ist der Betsaal in orientalisch orientierter Farb- und Formgebung gehalten und mit einer Empore ausgestattet. In der Pogromnacht zerstörten Nationalsozialisten den Betsaal, das Haus blieb aber erhalten, jedoch bis 1945 als Fabrik und Lagerhalle zweckentfremdet. Von der sechstgrößten jüdischen Gemeinde Deutschlands mit 13 000 Mitgliedern bildete eine kleine Gruppe 1945 die neue Israelitische Religionsgemeinde und weihte die einzig erhaltene Leipziger Synagoge wieder ein. Nach der politischen Wende wuchs die kleine Gemeinde durch den Zuzug osteuropäischer Juden deutlich an. 1993 erfuhr das Haus in der Keilstraße eine Erneuerung, die eine Rekonstruktion des ursprünglichen Zustands des Betsaals einschloss; 2001 konnte die Empore für die wachsende Gemeinde erweitert werden.

Profanbauten

Das **Waldstraßenviertel** (IV D/E2/3) ist als eines der größten erhaltenen Gründerzeitensembles in Europa zwischen 1860 und 1910 entstanden. Eindrucksvoll sind seine Straßen- und Platzräume, die von dicht gereihten Bauten des Historismus geprägt sind und den großstädtischen Charakter des späten 19. Jahrhunderts widerspiegeln. Straßenzüge wie die Hinrichsenstraße, Gustav-Adolf-Straße, Funkenburgstraße, Tschaikowskistraße und die namensgebende Waldstraße, die vom Waldplatz ausgehend in den nördlichen Auwald führt, sind im urbanen Stadtraster angelegt und meist mit Wohnhäusern als Blockrandbebauung errichtet. Im Süden begrenzt die Jahnallee das Quartier als Ost-West-Magistrale und entlang dem Elstermühlgraben mit anschließendem Rosental bildet die Liviastraße den Abschluss des nördlichen Viertels, wo sich zum Teil auch die offene Villenbebauung findet. Einige Gebäude verweisen mit ihren Namen auf die früher hier lebenden jüdischen Bürger und ihr gesellschaftliches Engagement: Das **Ariowitsch-Haus** (IV E2; Hinrichsenstraße 14) wurde 1928–31 als Sächsisch-Israelitisches Altersheim von der Julius-Ariowitsch-Stiftung beauftragt und von Emil Franz Hänsel errichtet, nach seiner Modernisierung ist es seit 2009 Kultur- und Begegnungsstätte. Das **Eitingon-Krankenhaus** (IV D2; Eitingonstraße 12) wurde 1928 vom erfolgreichen Rauchwarenhändler Chaim Eitingon gestiftet und ist heute sozialtherapeutische Wohnstätte des städtischen St. Georg-Klinikums. Der ältere Bauteil der **Deutschen Zentralbücherei für Blinde** (IV F3; Gustav-Adolf-Straße 7) war als Höhere Israelitische Schule 1913 erbaut worden, die 1954 als Teil der Bücherei umgestaltet wurde. Das Gartenrestaurant **Mückenschlösschen** (IV E2; Waldstraße 86) von 1893 am Elstermühlgraben im Neorenaissancestil geht auf einen Entwurf von Bruno Richter zurück. Die sommerliche Fauna des Standorts erklärt den Namen. Bemerkenswert sind auch einzelne Jugendstilbauten wie das **Wohnhaus Bastänier** (IV E2; Tschaikowskistraße 31), das Paul Möbius 1900 als freistehenden repräsentativen Villenbau errichtet hatte. Ausdrucksstark behauptet sich der monumentale Baukörper innerhalb des Straßenzugs in seiner Gestaltung mit sehr hohem Rustikasockel und sandsteinbekleideten Obergeschossen, die in einem Turmaufbau münden und plastische Jugendstilornamente zeigen. Der Leipziger Architekt Emil Franz Hänsel, der mehrere Messe- und Geschäftshäuser in Leipzig ent-

Blick zu Glockenturm und Festwiese vor dem Zentralstadion

warf, hatte 1903 sein Wohn- und Bürohaus Hänsel (IV E2; Christianstraße 1) als freistehendes dreigeschossiges Landhaus im Reformstil mit feinen Schmuckelementen gebaut. Dem Waldstraßenviertel kam nach der politischen Wende besondere Aufmerksamkeit zu, da es zur DDR-Zeit jahrzehntelang vernachlässigt worden war und seine Bauten vom Verfall bedroht waren. Es wurde zum Erhaltungsgebiet im Programm des städtebaulichen Denkmalschutzes und konnte bereits Anfang der neunziger Jahre umfassend saniert werden.

Das Sportforum mit dem Zentralstadion (IV D2/3; Am Sportforum 3), seit 2010 Red Bull Arena, und der Campus Jahnallee mit der Sportwissenschaftlichen Fakultät der Universität Leipzig (IV D3/4; Jahnallee 59), ehemals Deutsche Hochschule für Körperkultur, wurden seit Anfang der 1950er Jahre als funktionale Einheit auf dem Areal der Elsterauen errichtet. Ihre Bedeutung für die Sportstadt der DDR kommt in der Bebauung und Benennung der Magistrale nach Friedrich Ludwig Jahn, dem Turnvater Jahn, zum Ausdruck. Die Konzeption geht auf Planungen der 1920er Jahre zurück, in denen die Frankfurter Wiesen am Elsterflutbecken mit weiträumigen Freiflächen und aufgelockerter Bebauung konzipiert waren. Zum **Sportforum** gehören das **Zentralstadion** mit der zur Jahnallee orientierten **Festwiese** und dem 40 Meter hohen **Glockenturm** sowie das östlich gelegene Schwimmstadion. Die Anlage zeigt deutliche Nähe zum Berliner Olympiastadion, dessen Architekt Werner March 1938–41 auch für Leipzig Entwürfe vorgelegt hatte. Realisiert wurde das Zentralstadion 1956 nach dem Entwurf von Karl Souradny, Eitel Jackowski und Heinz Schütze und konnte zum II. Turn- und Sportfest der DDR eröffnet werden. Innerhalb eines 23 Meter hohen Walls, aus Trümmerschutt aufgeschüttet, entstand das »Stadion der Hunderttausend«. Sein neoklassizistisches Hauptgebäude ist zu einem Vorplatz ausgerichtet, auf dem Sportlerfiguren von Rudolf Oelzner auf das Geschehen im Stadioninnern verweisen. Südlich des Platzes befindet sich das 1952 errichtete **Schwimmstadion**, das 2004 bis auf die Nordtribüne abgetragen wurde und nur als Fragment erhalten ist. Ein grundlegender Umbau des Zentralstadions erfolgte anlässlich der Vorbereitung zur Fußball-Weltmeisterschaft 2006: Die Stadionränge wurden zurückgebaut und neue Tribünen mit 45 000 Plätzen sowie ein neues hohes Stadiondach errichtet, dessen großdimensionierte Bogenbinder die Wälle deutlich überragen und eine erhebliche Veränderung des Erscheinungsbildes zur Folge haben. Zur Bewerbung Leipzigs als Olympiaaustragungsort 2012 entstanden im Bereich des Sportforums mehrere Neubauten wie die Multifunktionshalle **Arena Leipzig** 2003. Die Anlage des **Campus Jahnallee** begann mit Bauten der 1950 gegründeten **Deutschen Hochschule für Körperkultur** und wurde erst Mitte der achtziger Jahre abgeschlossen. 1957 wurde der erste Bauabschnitt nach dem Entwurf von Hanns Hopp und Kunz Nierade fertiggestellt – als Teil eines symmetrischen Campusplans, dessen Achse im Sportforum aufgenommen ist. Entlang des Elsterflutbeckens entstand eine 400 Meter lange Folge von Hochschulbauten mit Hörsälen, Verwaltung, Trainings- und Wettkampfhallen, die angesichts ihrer Bedeutung als zentrale Ausbildungsstätten der Sportwissenschaften in der DDR entsprechend der Architektur der »Nationalen Tradition« repräsentativ-neoklassizistisch gestaltet sind. 1964 wurde das zentrale Institutsgebäude zur Jahnallee von Eitel Jackowski und Wolfgang Aßmann ergänzt, das heute zur **Handelshochschule Leipzig** gehört. Seine Gestaltung verweist auf ein verändertes Architekturprogramm, das sich am industriellen Bauen und der Moderne orientierte. Vor dem ornamentfreien Baukörper ist ein langgestrecktes Vordach als gestalterischer Akzent positioniert, dessen skulpturales Betonwellendach über geneigten Kragstützen zu schweben scheint. Auf dem Vorplatz stehen mehrere figürliche Bronzeplastiken wie *Speerwerfer*, *Rumpfheben* und *Gymnastik*, die Rudolf Oelzner 1966 in einem durch Abstraktion und Bewegtheit bestimmten Duktus schuf. Weitere Werke der architekturbezogenen Kunst befinden sich auf dem Campus wie in der 1977 von Ulf Zimmermann errichteten Mensa. Im Innern sind die raumhohen Wandbilder zum Thema *Leipzig, Ort der Begegnung* von Peter Sylvester und Rolf Münzner auch nach dem Umbau von 2011 erhalten. Neben der Mensa wurde 2008 das beeindruckende **Monumentalrelief *Aufbruch*** von den Leipziger Künstlern Rolf Kurth, Frank Ruddigkeit und Klaus Schwabe aufgestellt. Es zeigt einen großformatigen Karl-Marx-Kopf, von dem aus eine Gruppe junger Menschen energisch vorwärtsstrebt; als programmatische Kunst war es 1974 vor dem Neubau der damaligen Karl-Marx-Universität installiert und hatte die Platzfront bis 2006 geprägt.

Der **Zoologische Garten** (IV F2; Pfaffendorfer Straße 29) geht auf den 1878 gegründeten Tierpark des Gastwirts Ernst Pinkert zurück, der die Gäste seines Pfaffendorfer Hofs mit besonderen Attraktionen unterhalten wollte. Bald wurde der Ort nahe dem Rosental zum beliebten Ausflugsziel und das Unternehmen expandierte, so dass es 1899 in eine Aktiengesellschaft umgewandelt und 1920 von der Stadt Leipzig übernommen wurde, um einen Zoologischen Garten auszubauen. Der Bau eines »Bürgerlichen Gesellschaftshauses«, der **Kongresshalle** (IV F2), ersetzte 1900 den früheren Gasthof. Der neue Bau von Heinrich Rust bot repräsentative Veranstaltungsräume wie den Großen Saal und den Weißen Saal, die als Tanzetablissements genutzt wurden. Als Interimsspielstätte des Gewandhauses (bis 1981) sowie des Theaters der Jungen Welt wurde das Haus seit 1946 genutzt, bis es 1989 nach einem Brand geschlossen wurde. 2016 erfolgte nach grundlegender Instandsetzung die Wiedereröffnung als ein Standort der Leipziger Messe. Um 1900 erfuhr der parkartig angelegte Zoologische Garten mit einem Affenhaus sowie einem Großen Raubtierhaus eine Erweiterung; 1909–13 entstanden das Aquarium und das Terrarium. In den zwanziger Jahren errichtete Carl James Bühring das Dickhäuterhaus (1926), die Bärenburg (1929) und die Affenkletterfelsen (1934). Diese Anlagen sind in charakteristischer Klinkerbauweise gestaltet und boten den Tieren ein offenes Gehege, da Wassergräben die Gitter weitgehend ersetzen. Zum 100-jährigen Jubiläum erweiterte sich der Zoo westlich in Richtung Rosental durch das »Zooschaufenster« in Form eines weiträumigen Huftier-Freigeheges. Optisch stellt es den Übergang zum Rosental her. Die neue Freiflughalle von Reiner Grube war 1969 für Vögel des tropischen Regenwalds entstanden mit großem Glasdach unter einer freistehenden Stahlkonstruktion. Mitte der achtziger Jahre wurde das Aquarium mit Kuppelhalle und eindrucksvollem Ringbecken ergänzt. Unter dem Motto »Zoo der Zukunft« erfolgten seit 2000 umfangreiche Umgestaltungen zu einem Naturerlebnispark. Mehrere Freigehege bilden unterschiedliche Themenbereiche, die Kontinenten zugeordnet sind wie die Löwen-Savanne 2001, die Tiger-Taiga 2003, die Kiwara-Savanne 2004 und der Elefanten-Tempel 2006, der auf einen Umbau des Bühring'schen Dickhäuterhauses zurückgeht. Der Themenbereich Gründergarten umfasst den ältesten Teil des Zoos mit dem Raubtierhaus von 1900, das zum Entdeckerhaus Arche umgebaut wurde. Mit dem Neubau der Menschenaffenanlage Pongoland von 2001 entstand eine weiträumige Großhalle, in der die einzelnen Gehege lediglich durch künstliche Felswände und Trockengräben voneinander getrennt sind. Eine der jüngsten Erweiterungen im östlichen Teil ist die Tropenhalle Gondwanaland 2011, die auf dem Areal der ehemaligen Kammgarnspinnerei an der Pfaffendorfer Straße entstand und in ihrer Großmaßstäblichkeit die übrigen Zoobauten deutlich dominiert. Im Lauf der Zooentwicklung wurden Skulpturen aufgestellt, so dass sich in den Parkanlagen Plastiken des gesamten 20. Jahrhunderts finden wie der Athlet (1901) von Max Klinger, die monumentale Jason-Gruppe (1910) von Walter Lenck sowie zahlreiche Tierplastiken von Leipziger Bildhauern wie Alfred Thiele, Hellmuth Chemnitz und Hans-Joachim Förster. Der inzwischen 27 Hektar große Zoologische Garten ist einer der artenreichsten Zoos Europas und erfährt weltweit Anerkennung.

Plätze, Parks und Grünanlagen

Das Rosental (IV D/E1/2) ist ein Teil des nördlichen Auenwalds, der als Landschaftspark gestaltet ist. Zwischen dem Waldstraßenviertel und Gohlis gelegen, wird das Rosental durch den Elstermühlgraben im Südwesten sowie die Parthe und den Zoo im Nordosten begrenzt. Im letzten Drittel des 17. Jahrhunderts wurde das Waldgebiet aus dem Besitz der sächsischen Kurfürsten an den Leipziger Rat übereignet, dennoch erhob August der Starke später Anspruch auf das Areal, so dass der Rat 1707 mit einer Gestaltung nach dem Entwurf des Dresdener Baumeisters Johann Christoph Naumann beginnen musste. Hierbei wurden eine große Wiese sowie 13 Schneisen angelegt, die strahlenförmig auf ausgewählte *Points de vue* orientiert waren. Im Zentrum der Achsen sollte ein barockes Rosentalpalais entstehen, dessen Finanzierung der Rat allerdings so lange verzögerte, bis das Vorhaben eingestellt wurde. Die heutige Parkanlage mit unregelmäßigen Wegenetzen und Pflanzungen in der Art englischer Gärten geht auf die Neugestaltung von Rudolph Siebeck 1837 zurück. Als Eingang zum Park war 1850 eine **Toranlage an der Rosentalgasse** errichtet worden, von der heute lediglich der Fahnenmast erhalten ist. Im südlichen Rosental wurde 1870 der erste öffentliche Kinderspielplatz der Stadt auf Initiative des Allgemeinen Deutschen Frauenvereins eingerichtet, an dem 1925 das **Louise-Otto-Peters-Denkmal** für die Leipziger Frauenrechtlerin aufgestellt wurde, und wenig später erhielt auch der Platz ihren Namen. Im östlichen Teil grenzt der Zoo an das Rosental. Seit seiner Gründung 1878 wurde er sukzessive bis zu dem 1976 fertiggestellten »Zooschaufenster« erweitert, das Einblick in das Savannengehege gewährt und zugleich eine natürliche Grenze mit Graben bildet. Der **Rosentalhügel** befindet sich im Nordwesten, er wurde 1887–96 als Scherbelberg aus Hausmüll 20 Meter hoch aufgeschüttet, anschließend begrünt und mit einem 15 Meter hohen Aussichtsturm von Hugo Licht bebaut; 1975 ließ die Stadt anstelle des kriegszerstörten Turms einen 20 Meter hohen stählernen **Aussichtsturm** (IV D1) errichten.

Parkanlagen an der Weißen Elster

Der westlich des Stadtzentrums gelegene **Clara-Zetkin-Park** (III und IV E4/5), 1955 zum »Zentralen Kulturpark« erklärt, besteht im Wesentlichen aus den historischen Parkanlagen am Elsterflutbecken wie dem Albertpark und dem Volkspark Scheibenholz sowie bis 2011 dem Johannapark (III E4) und dem Palmengarten (IV C/D4). Letztere tragen heute wieder ihren ursprünglichen Namen. Durch den früheren Albertpark (IV D5), benannt nach dem sächsischen Landesherrn König Albert, verläuft die Anton-Bruckner-Allee, die beide Parkteile am Elsterbecken über die **Sachsenbrücke** verbindet. Der Park war zur Sächsisch-Thüringischen Industrie- und Gewerbeausstellung 1897 entstanden. An seinem Hauptweg befindet sich eine repräsentative Anlage mit Bassin, umgeben von Plätzen, die nach den Komponisten Franz Schubert, Johannes Brahms und Richard Strauss benannt sind, so dass sich die Bezeichnungen des angrenzenden Musikviertels bis in den Park fortsetzen. Südlich der Achse errichtete Otto Wilhelm Scharenberg 1912 einen **Musikpavillon**, der zu seinem 100-jährigen Bestehen 2012 aufwendig instandgesetzt und mit einem Deckenbild von der HGB-Malereiklasse des Künstlers Heribert C. Ottersbach neu gestaltet wurde. Ein zweiter, tempelartiger Pavillon findet sich seit 1908 weiter westlich zwischen Sachsen- und Klingerbrücke als eines der seltenen Zeugnisse klassizistischer Gartenkultur; er stammt aus dem Bürgergarten, der 1827–58 dem Kaufmann und Schriftsteller Wilhelm Gerhard gehörte. Südlich der Hauptachse wurden 1955 für den Kulturpark weitere Bauten in der historisierenden Architektursprache der »Nationalen Tradition« ergänzt wie die **Parkgaststätte** von Neumann und Rämmler, die aufgrund der verglasten Rundpavillons und geschwungenen Fassaden als Glashaus bekannt ist. Im selben Jahr wurde eine **Parkbühne** für

Die Parkgaststätte wurde 1955 im zentralen Kulturpark Clara Zetkin errichtet.

2000 Besucher nach dem Entwurf von Martin Weber fertiggestellt. Der Clara-Zetkin-Park war eine der frühen Kulturparkanlagen der DDR, die seit den frühen fünfziger Jahren als sozialistische Variante des Volksparks mit Kulturangeboten entstanden, oftmals unter Beibehaltung bestehender traditioneller Parkanlagen. 1967 wurde das **Clara-Zetkin-Denkmal** zum 110. Geburtstag der Frauenrechtlerin und Politikerin aufgestellt, die 1857 in Wiederau unweit von Leipzig geboren worden war. Die Bronzeskulptur des Bildhauers Walter Arnold und eine Zitattafel bilden die Denkmalanlage auf einem steinernen Plateau am südlichen Ende des Johannaparks.

Den **Johannapark** (III E/F4; Edvard-Grieg-Allee, Ferdinand-Lassalle-, Friedrich-Ebert-, Karl-Tauchnitz-Straße) ließ der Bankier Wilhelm Theodor Seyfferth in Gedenken an seine 1858 früh verstorbene Tochter Johanna anlegen, um ihre Gesinnung, »anderen eine Freude zu machen«, im

Park fortleben zu lassen. Im selben Jahr beauftragte er Peter Joseph Lenné, auf dem Areal früherer Bürgergärten einen öffentlichen Park im englischen Stil zu entwerfen. Lenné konzipierte eine amorphe Teichanlage, die von einer sanft modulierten Landschaft und geschwungenen Wegen umgeben ist. Bis heute verbindet diese Grünanlage das Stadtzentrum über den Park bis zu den Auwäldern. Nach dem Tod des Stifters 1881 ging der Park ins Eigentum der Stadt über, die zum Gedenken 1896 eine **Seyfferth-Büste** von Melchior zu Strassen und Hugo Licht am Paul-Gerhardt-Weg aufstellte.

Der **Palmengarten** (IV C/D4; Jahnallee) befindet sich auf der westlichen Seite des Elsterflutbeckens und wurde 1899 als »vornehmste Erholungsstätte Leipzigs« auf dem früheren Areal der Internationalen Gartenbauausstellung (1893) eröffnet. Prägend für den repräsentativen Flaniergarten waren das Palmenhaus und das Gesellschafts- und Konzerthaus. Vor den beiden Bauten erstreckte sich eine ausgedehnte Teichanlage, die als einziges Element des Ensembles erhalten ist, da die Bauten 1939 gesprengt wurden, um der geplanten, letztlich nicht ausgeführten Gutenberg-Reichsausstellung Platz zu machen.

An den Palmengarten grenzt der Westteil des **Richard-Wagner-Hains** (IV D4; Jahnallee), der beidseitig des Elsterflutbeckens konzipiert wurde. Auf seiner Ostseite sollte 1933 anlässlich des 120. Geburtstages von Richard Wagner ein Denkmal in Form eines Reliefblocks nach dem Entwurf von Emil Hipp entstehen. Bereits 1903 hatte Max Klinger die Arbeit an einem Denkmal für den in Leipzig geborenen Wagner begonnen, das jedoch bis zum Tod des Bildhauers 1920 unvollendet geblieben war (s. Promenadenring, Wagner-Denkmal). Nach der Machtergreifung bemächtigten sich die Nationalsozialisten des Vorhabens, ließen den Entwurf von Emil Hipp und dem Landschaftsarchitekten Gustav Allinger erweitern, um ihn als zukünftiges Nationaldenkmal zu instrumentalisieren. Bis 1942 wurden die weiträumigen Freiflächen beidseitig des Elsterbeckens mit Einfassungsmauern, Brunnen und Treppenanlagen zum Wasser ausgeführt. Auch einen altarähnlichen Reliefblock und 19 Marmorreliefs mit Opernszenen für die umlaufenden Mauern stellte Hipp unabhängig von den Kriegsjahren bis 1944 in seinem Atelier nahe der Marmorindustrie im oberbayrischen Kiefersfelden fertig. Installiert wurden die Bildhauerarbeiten letztlich nicht, da die Leipziger Stadtverwaltung die Annahme des bereits bezahlten Auftragswerks nach 1945 verweigerte. So kamen die Reliefs später in Privatbesitz und finden sich heute an verschiedenen Orten in Süddeutschland wie in Neuenchieming, Rosenheim und Nussdorf sowie an der Stadtmauer Bayreuths. Anfang der fünfziger Jahre wurde die Hainanlage am Elsterflutbecken durch die Bebauung der Deutschen Hochschule für Körperkultur in ihrer Freifläche reduziert. Der Ort ist in seiner fragmentarischen Form bis heute erhalten.

Äußere Stadtteile

Leipziger Osten – Reudnitz, Thonberg, Probstheida: Von der Deutschen Nationalbibliothek bis zum Völkerschlachtdenkmal

Sakralbauten

Die **Russische Kirche**, St.-Alexi-Gedächtniskirche (V I6; Philipp-Rosenthal-Straße 51a), wurde als russisch-orthodoxe Kirche 1913 zur Erinnerung an die 22 000 gefallenen russischen Soldaten der Völkerschlacht errichtet. Der Entwurf von Wladimir Alexandrowitsch Pokrowski orientiert sich an der Christi-Himmelfahrts-Kirche in Moskau-Kolomenskoje, der ersten, 1532 errichteten russischen Zeltdachkirche. Der Bau ist wie sein Vorbild in strahlendem Weiß gehalten, Goldtöne finden sich zusätzlich im oberen Bereich des 55 Meter hohen Turms, der in einer vergoldeten Zwiebelkuppel mündet. Der Besucher betritt die Kirchenanlage durch ein detailreiches Sandsteinportal und gelangt in das ausgedehnte Sockelgeschoss. Hier war neben Wohn- und Verwaltungsräumen ursprünglich ein Museum vorgesehen, und 1927 wurde eine Winterkirche geweiht, nachdem sich eine selbstständige Kirchengemeinde konstituiert hatte. In einem umlaufenden Arkadengang sind 20 steinerne Gedenktafeln für die Gefallenen und Vermissten der Völkerschlacht aufgestellt. Zur Oberkirche gelangt man über großzügige Freitreppen, die auf ein Plateau und zum Eingangsportal führen. Der Kirchenraum erhebt sich über einem quadratischen Grundriss von etwa 12 × 12 Metern und mündet in einem oktogonalen Turm, so dass eine imposante Raumhöhe von fast 40 Metern erreicht wird. Ein eindrucksvoller Ikonostas beherrscht den Raum; diese 18 Meter hohe, mit aufwendig gestalteten Ikonen geschmückte Wand trennt den Kirchenraum von Altar und Sanktuarium. Der obere Turmabschnitt öffnet sich mit einer dichten Folge von Rundbogenfenstern, die im Innern eine besondere Atmosphäre entstehen lassen.

Denkmal

Das **Völkerschlachtdenkmal** (V J8; Straße des 18. Oktober 100) wurde auf dem Areal des historischen Schlachtfelds im Südosten Leipzigs zum 100. Gedenkjahr errichtet. Es stellt den Höhepunkt des Denkmalkults im 19. Jahrhundert dar und wurde 1913 als größter Denkmalbau Europas fertiggestellt. Sein Architekt Bruno Schmitz hatte sich bereits mit dem Kyffhäuser-Denkmal für Kaiser Wilhelm I. einen Namen gemacht, und so plädierte der Deutsche Patriotenbund nach einem Wettbewerbsverfahren 1896 für seinen Entwurf. Anders als das Kaiserdenkmal widmet sich das Leipziger Denkmal nicht einem Personenkult, sondern einem historischen Ereignis, an das Bruno Schmitz mit den Künstlern Christian Behrens und Franz Metzner in einer symbolischen Formensprache erinnert; dabei ist gleichermaßen der Einfluss des wilhelminischen Monumentalbaus und des Jugendstils erkennbar. Das Denkmal steht auf der Achse, die am Neuen Rathaus ihren Auftakt nimmt, sich über die Straße des 18. Oktober, den Deutschen Platz und das Areal der späteren Technischen Messe erstreckt, bevor sie ihren abschließenden Akzent im Denkmal findet. Schmitz gestaltete ein Gesamtwerk mit dem Freiraum und seinen rahmenden Wällen, dem »See der Tränen um die gefallenen Soldaten« und dem künstlich angelegten Hügel, aus dem das 91 Meter hohe Monument emporwächst und in der Leipziger Tieflandbucht weithin sichtbar ist. Diese Gesamtkomposition folgt einer räumlich-dramaturgischen Inszenierung, deren Pathos sich bei Annäherung weiter

Das Völkerschlachtdenkmal wurde 1913 als größter Denkmalbau Europas eingeweiht.

steigert. Das Denkmal betont die Gesamtform und ist nur im pryramidialen Sockel, Schaft und in der Kuppel fein gegliedert, die mit einem Aussichtsplateau abschließt. Dabei ist das Aufeinanderbezogensein von architektonischer Gestalt und bildkünstlerischem Werk bemerkenswert. Architekt und Bildhauer orientierten sich an Motiven ägyptischer Tempel- und Grabbauten; ihre Sprache ist durch klare Geometrie und spannungsvoll plastisch-flächige Gestaltung geprägt. So verbindet sich die Reliefdarstellung des Erzengels Michael mit dem rustizierenden Sockel, und beim oberen Abschluss unterstützen die zwölf Wächterfiguren die Kuppel als plastisches Element. Das Monument präsentiert sich als steinerner Bau, der mit Granitporphyr aus dem nahe gelegenen Beucha bekleidet ist, während 90 Prozent seiner Masse aus Stahlbeton besteht. Im Innern überwältigt der hohe Raum von der Krypta bis zur Kuppel, so dass man seiner räumlichen Suggestionskraft kaum neutral begegnen kann. In der Krypta, die als symbolisches Soldatengrab konzipiert ist, entwickeln sich aus acht kräftigen Steinpfeilern die Reliefs von Schicksalsmasken und die Figuren wachender Krieger. In der darüber liegenden Ruhmeshalle dominieren vier Kolossalfiguren, die von Metzner als Darstellungen der »deutschen Tugenden in der Völkerschlacht« gestaltet wurden, wie die Volkskraft, Glaubensstärke, Tapferkeit und Opferbereitschaft. An der Kuppelschale finden sich elf konzentrische Friesreihen, in denen 324 nahezu lebensgroße Reiter dargestellt sind. Ein Aufstieg auf die oberste Plattform erlaubt den Blick über das Areal des ehemaligen Schlachtfelds sowie über die Stadt, die sich 1913 mit mehreren monumentalen Bauten wie dem Neuen Rathaus am anderen Ende der Achse und mit ihren Stadterweiterungen als die fünftgrößte deutsche Stadt präsentierte. Das Völkerschlachtdenkmal erfuhr durch die wechselnden politischen Systeme vom Kaiserreich bis zur Demokratie unterschiedliche Interpretationen. In den letzten Dekaden erfolgten auch künstlerische

Interventionen wie 1996 mit der dreitägigen Laserprojektion *KriegsZustand* von Jenny Holzer. Vor dem 200. Jahrestag der Völkerschlacht wurde das Denkmal über einen Zeitraum von zehn Jahren erstmals umfassend saniert. 2013 verband sich das Jubiläum mit der Mahnung zu Frieden und der Botschaft zur Völkerverständigung im geeinten Europa, was in der symbolischen Pflanzung von 100 Friedensbäumen zum Ausdruck kam.

Profanbauten

Das Gelände der **Alten Messe** (V I6/7; Prager Straße 200) wurde 1913 mit der Internationalen Baufachausstellung und 1914 mit der Internationalen Ausstellung für Buchgewerbe und Graphik als Ausstellungsgelände eingeführt und seit 1920 als Technische Messe genutzt, bis 1996 die Neue Messe im Norden der Stadt fertiggestellt war. Von der IBA 1913 ist die **Betonhalle** von Wilhelm Kreis erhalten, der ursprünglich das Stahlmonument von Bruno Taut gegenüber gestanden hatte. Der **Sowjetische Pavillon** wurde 1924 von Oskar Pusch und Carl Krämer als dreischiffige Messehalle errichtet, die zeitweise auch als Sporthalle Achilleion genutzt wurde. 1951 erfuhr die Halle eine Umgestaltung und wurde mit einem Turm ausgestattet, dessen vergoldete Spitze einen roten Stern trägt und somit die neue Identität als Sowjetischer Pavillon signalisiert. Nach langem Leerstand seit den neunziger Jahren erfolgten ein Umbau durch Peter Zirkel und 2019 die Eröffnung des Stadtarchivs Leipzig im vorderen Teil des Gebäudes. Am Eingang Prager Straße ist das 1965 installierte **MM-Signet** in Form einer 27 Meter hohen Stahl-Aluminiumkonstruktion zu sehen, das auf den 1917 geschaffenen Entwurf von Erich Gruner für die Muster-Messe zurückgeht und heute unter Denkmalschutz steht. Nach Aufgabe der Alten Messe ließ die Stadt seit Mitte der neunziger Jahre Nachnutzungskonzepte für das Areal entwickeln. Ein gelungenes Beispiel findet sich mit der bausubstanzverträglichen Nutzung der **Messehalle 11** durch einen bemerkenswert großräumigen Lebensmittelmarkt. 1996 entstand die **Hauptverwaltung der Deutschen Bundesbank in Sachsen und Thüringen** von Hans Kollhoff und Helga Timmermann als Umbau eines unvollendeten Messebaus aus den achtziger Jahren. Der Bestandsrohbau wurde auf einen rationalen Quader zurückgebaut, mit dunkelgrünem brasilianischem Granit hochwertig bekleidet und durch ein Gesims- und Lisenenrelief gegliedert, so dass ein an diesem Ort ungewöhnlich distinguiertes Haus entstand. Der Bau ist als Atriumhaus angelegt, in dessen mit weißem Marmor gestalteten Lichthof der amerikanische Konzeptkünstler Joseph Kosuth sein Werk *Leipzig Laokoon* im Terrazzoboden installierte. Mit Schriftzügen aus Aluminiumlettern zitiert er Passagen aus Lessings kunsttheoretischer Schrift *Laokoon oder Über die Grenzen der Mahlerey und Poesie* und kombiniert sie mit Namen bedeutender Persönlichkeiten, die in Leipzig gewirkt haben, von Bach bis Bloch. In einem tief gelegten Steinhof auf der Westseite wird das Kunstprogramm durch wechselnde Ausstellungen großformatiger Skulpturen ergänzt. Der Portikus der 1937 von Curt Schiemichen errichteten **Messehalle 20** (Prager Straße) ist nach dem Abbruch der früheren Messehallen 19 bis 21 Erinnerungsfragment und als Bestandteil der Fassaden eines Möbelhausneubaus (2013) erhalten.

Der Bau der **Deutschen Bücherei** (V H/I6; Deutscher Platz 1) wurde für die vom Börsenverein des Deutschen Buchhandels gegründete Bibliothek errichtet, die seit 1913 das Gesamtarchiv des deutschsprachigen Schrifttums beherbergt. Nach der politischen Wende fusionierte sie mit der 1946 gegründeten Deutschen Bibliothek in Frankfurt am Main als Die Deutsche Bibliothek; seit 2006 trägt die Einrichtung an beiden Standorten den Namen **Deutsche Nationalbibliothek**. Die Leipziger Bibliothek ist mit ihren ◆

Die Deutsche Nationalbibliothek von 1916 und ihr Erweiterungsbau für das Buch- und Schriftmuseum von 2011

Beständen von über 16 Millionen Medien die größte Bibliothek Deutschlands. Ihr Bau wurde nach einer symbolischen Grundsteinlegung am 19. Oktober 1913 nach dem Entwurf von Oskar Pusch 1916 fertiggestellt. Der Architekt hatte vorausschauend die absehbaren Erweiterungen mitgeplant, die erste erfolgte bereits 1934 am Südostflügel und die nächste 1963 am Nordostflügel. Die dritte Erweiterung erfolgte 1983 mit den Magazintürmen, die Dieter Seidlitz als nordöstliche Solitäre in Distanz zum Bestand konzipiert hatte. Die jüngste Erweiterung nach dem Entwurf von Gabriele Glöckner war 2011 fertiggestellt und beherbergt neben weiteren Magazinen das **Buch- und Schriftmuseum** sowie das Musikarchiv, das seit 2010 in Leipzig angesiedelt ist.

Der Bau von 1916 folgt mit seiner geschwungenen Form der ovalen Platzgestalt und spannt sich zwischen zwei halbzylindrischen Turmbauten auf. Seine Gliederung spiegelt die unterschiedlichen Funktionen wider und präsentiert sich im Eingangsgeschoss und in den beiden Verwaltungsgeschossen mit konventionellen Fensterreihen, die sich in den Magazinetagen zu einem Band verdichten. Der Haupteingang ist mit Pilastern hervorgehoben. Darüber erheben sich sechs Statuen von Adolf Lehnert und Felix Pfeifer, die den verschiedenen Disziplinen Technik, Kunst, Justiz, Philosophie, Theologie und Medizin gewidmet sind. Seitlich begrenzt wird diese Reihe durch Figurenpaare von Johannes Hartmann, die Wappen des Börsenvereins und der Stadt Leipzig tragen und somit auf die Initiatoren der Deutschen Bücherei verweisen. Der Baukörper erstreckt sich über den gesamten Block und zeigt zur Seite der Philipp-Rosenthal-Straße eine gerade Front, deren Mittelrisalit auf den großen Lesesaal hinweist. Im Innern beeindruckt dieser Saal mit seiner eleganten Ausstattung und Gliederung durch die Holzvertäfelung bis zur Empore. Das obere Drittel des hohen Raums ist mit Oberlichtfenstern sowie mit hellen Putzwänden gestaltet, vor denen ein Monumentalbild des Symbolismus *Lebensfest* von Ludwig von Hofmann zur Geltung kommt. Der jüngste Erweiterungsbau von 2011 schließt an die Front des Bestands an, folgt dem Platzverlauf bis zur Semmelweisstraße und bindet die Magazintürme räumlich-gestalterisch in das Ensemble ein. Mit der dualistischen, körperhaft-gläsernen Gestaltung setzt sich der Neubau als eigenständiger Glaskörper vom Pusch-Bau ab und verbindet sich zugleich durch seine geschlossene Fassade mit den bestehenden Magazintürmen. Das Gestaltmotiv *Umschlag, Hülle, Inhalt* wird in dem Gegenüber von geschwungener Aluminiumfassade und Glasfront übersetzt und deutet auf die schützende Funktion des Magazins und die Präsentationsaufgabe des Buch- und Schriftmuseums. Im Innern sind die öffentlichen Bereiche als fließende Räume konzipiert, in die Elemente wie Vitrinen, Sitzbänke und Lesetische als amorphe Objekte eingestellt sind. Das Museum zeigt seit 2012 die Dauerausstellung »Zeichen – Bücher – Netze: Von der Keilschrift zum Binärcode«. Zum 100-jährigen Jubiläum formulierte die Deutsche Nationalbibliothek ihre Aufgabe als »Gedächtnis der Nation«.

Der **Bayrische Bahnhof** (V G8; Bayrischer Platz) wurde bis 1844 von Christian August Eduard Pötzsch im Auftrag der Sächsisch-Bayerischen Eisenbahn-Compagnie errichtet und ist der älteste erhaltene Fernbahnhofsbau Deutschlands. Die klassizistische Bahnhofsanlage bestand ursprünglich aus einem Portikus, der Bahnsteighalle und ihren parallel verlaufenden Bahnhofsbauten für die Reisenden. Erhalten ist noch der vierbogige Portikus, durch den die Züge aus der viergleisigen Bahnsteighalle zur Drehscheibe fuhren; heute steht er als Denkmal der Verkehrsgeschichte unter Schutz. Auch der westliche Bahnhofsflügel konnte Anfang der neunziger Jahre instandgesetzt werden, während sein östliches Pendant und die Bahnsteighalle im Krieg zerstört wurden. Der Kopfbahnhof war im 19. Jahrhundert die südliche Anbindung der Stadt in Richtung Hof, sein seit längerem reduzierter Regionalbetrieb wurde 2001 endgültig eingestellt. Im selben Jahr wurde im westlichen Flügelbau eine Gosenbrauerei mit Gastronomie eingerichtet. Die Gleisanlagen wurden beim Bau des **City-Tunnels** mit den Stationen Hauptbahnhof, Markt, Leuschner-Platz und Bayrischer Bahnhof abgebrochen, und an ihrer Stelle wurde 2013 eine unterirdische, 20 Meter tief liegende Station eröffnet. Ihre architektonische Gestaltung erfolgte durch Peter Kulka, der mit dem Einsatz von Tageslichtöffnungen und Kunstlichtbändern einen hellen Raum konzipierte. Der Bereich der früheren Gleisanlagen ist inzwischen Stadtentwicklungsgebiet, das in den kommenden Jahren nach dem Entwurf des Architekten Jörg Wessendorf und dem Atelier Loidl Landschaftsarchitekten zu einem Parkgelände entwickelt werden soll, so dass ein »Grünes Band« sich bis zum südlich gelegenen Markkleeberg erstreckt. An den Rändern des neuen Parks werden einzelne Wohn- und Büroquartiere errichtet, womit eine Anbindung an die angrenzenden Stadtquartiere gewährleistet ist.

Die **Großmarkthalle** (V H6; An den Tierkliniken 42), errichtet 1927–29, entwarfen Hubert Ritter und Franz Dischinger. Bemerkenswert ist ihre Raumbildung durch ein außergewöhnliches Dach in Form von zwei Kuppelschalen, die mit Spannweiten von jeweils 75 Metern und Scheitelhöhen von 29 Metern zu ihrer Zeit die weltweit größten Massivkuppeln darstellten. Dabei weisen die äußerst dünnwandigen Stahlbetonschalen, nach dem Zeiss-Dywidag-Verfahren konstruiert, eine Stärke von lediglich neun Zentimetern auf. Große Zenitoberlichter sorgen für angenehme Lichtverhältnisse in den weiträumigen Hallen. Die Kuppelschalen basieren jeweils auf einer oktogonalen Grundfigur und werden von acht Schrägstützen getragen, die durch Bogenkonstruktionen miteinander verbunden sind. Die architektonisch-ingenieurstechnische Lösung bei der Großmarkthalle lässt den Vergleich mit der Jahrhunderthalle von Max Berg in Breslau zu. Der Markthandel in dem als »Kohlrabizirkus« bekannten Bau wurde bereits 1995 aufgegeben, und nach verschiedenen Zwischennutzungen werden die Hallen für Eishockey und den Club »Institut fuer Zukunft« genutzt. Die Stadt plant, die Anlage für Freizeit und Kultur weiter auszubauen.

Plätze, Parks, Grünanlagen und Friedhöfe

Der **Südfriedhof** (V J8; Prager Straße 212 / Friedhofsweg 3) verdankt seine eindrucksvolle Wirkung als Parkfriedhof (1879–86) den Planern Hugo Licht und Carl Otto Wittenberg. Das Wegenetz zeigt die Form eines Lindenblatts und bezieht damit die Bedeutung des Stadtnamens Lipzi, Ort bei den Linden, in die Gestaltung ein. Die große Achse und der Rundweg sind als Blattstiel und Blattkontur zu lesen. Im Zentrum der Anlage errichtete Otto Wilhelm Scharenberg 1905–10 eine neoromanische **Kapellenanlage mit Krematorium**, die sich mit ihren gestaffelten Baukörpern vom flachen Arkadengang bis zum 63 Meter hohen Turm und mit ihrem Schmuck an der romanischen Abtei Maria Laach orientiert. Der Südfriedhof gehört zu den größten deutschen Parkfriedhöfen und beherbergt kulturhistorisch und künstlerisch bedeutende Grabanlagen. Das Grab der Mundartdichterin Lene Voigt und des Leipziger Verleger Fritz Baedeker finden sich hier ebenso wie das Grab des Dichters Christian Fürchtegott Gellert. Paul Möbius legte 1906/07 ein eindrucksvolles Jugendstil-Grabmal für den jung verstorbenen Leipziger Maler Walter Queck an, die Reliefs der Toreinfassung und die Granitstele stammen von Felix Pfeifer (Abt. X). Max Klinger entwarf 1911 die marmorne Reliefgrabstele mit Trauernden für den Bankier Friedrich Nachrod (Abt. VIII). Emil Franz Hänsel konzipierte 1912 das Grab für die eigene Familie in Form eines offenen Rundtempels, der mit Steinsäulen und Holzpergolen angedeutet wird und die Figurengruppe Mutter und zwei Kinder von Bruno Wollstädter umschließt (Abt. VI). Carl Seffner schuf 1927 das Grab mit der Steinfigur einer blumenhaltenden Frauenfigur für seine 1920 jung verstorbene Tochter Charlotte. Nach seinem Tod 1932 wurde auch der Bildhauer hier beigesetzt (Abt. II). In Fortsetzung der Wandgrabmale an der nördlichen Friedhofsmauer entstand eines der seltenen zeitgenössischen Grabmale für den Architekten Otto Schulz mit minimalistisch gestaltetem Fenstermotiv auf heller Travertinwand nach dem Entwurf seiner Söhne Ansgar und Benedikt Schulz (Abt. I). An der Hauptachse wurde nach 1945 sukzessive ein »Sozialistischer Ehrenhain« mit zahlreichen Gräbern von Opfern des Nationalsozialismus und von Widerstandskämpfern angelegt, dessen Ausgangspunkt die Bronzeplastik *Sterbender Krieger* 1948 von Walter Arnold markiert.

Der Lene-Voigt-Park entstand auf dem Areal des ehemaligen Eilenburger Bahnhofs (Entwurf Gabriele Kiefer).

Der Lene-Voigt-Park (V H/I 4) entstand im Rahmen der Konversion des ehemaligen Eilenburger Bahnhofs von 1874, dessen Betrieb mit der Fertigstellung des Hauptbahnhofs 1915 allmählich obsolet und nach Kriegszerstörungen 1942 quasi ganz eingestellt wurde. Der Park ist der Leipziger Mundartdichterin Lene Voigt gewidmet, die insbesondere in den zwanziger Jahren durch ihre Dichtung wie *Säk'sche Glassigger und Balladen* bekannt wurde und in der Satirezeitschrift *Der Drache* sowie in verschiedenen Arbeiterzeitschriften publizierte. Der von Gabriele Kiefer 1998–2003 entworfene Stadtteilpark in Reudnitz thematisiert sowohl den Raum des langgestreckten Bahnhofsareals als auch die Aufhebung der einst trennenden Schneise zwischen den Wohnquartieren an der Reichpietschstraße und an der Eilenburger Straße. Das Bahngelände wurde mit drei Grünbändern neu gestaltet: das mittlere ist ein durchgehendes grünes Band, das nördliche Band ist durch Patenschaftsparzellen gegliedert, und im südlichen Band wechseln Orte wie Heckenkabinette, Märchenwald sowie Felder für Sport und Spiel. Mit skulpturalen Cortenstahlwänden werden die neuen, quer verlaufenden Wegebeziehungen begleitet, so dass die Verbindungen zwischen den Wohnquartieren räumlich akzentuiert werden. Zugleich folgt die Gestaltung dem Prinzip, vorhandene Objekte, wie eine überirdische Fernwärmeleitung, ein alter Lokschuppen und die historische Begrenzungsmauer, als Eigenheiten des Ortes zu integrieren und ihnen durch die klare Grundstruktur einen neuen Raumzusammenhang zu geben. Als authentische Zeugnisse des Ortes entfalten sie gestalterische Kraft. Mit dem Stadtteilpark sollen die Anwohner in Reudnitz stärker in die Gestaltung und Ausführung einbezogen und somit zugleich ein bürgerschaftliches Engagement für diesen Park motiviert werden. Für den Lene-Voigt-Park, der unter dem Motto »Knappheit mitdenken« steht, wurden Gabriele Kiefer und die Stadt Leipzig 2002 mit dem Europäischen Preis für öffentlichen Raum ausgezeichnet.

Leipziger Süden – Connewitz, Lößnig, Dölitz: Vom Panometer zum AGRA-Park

Sakralbauten

Die katholische **Bonifatiuskirche** (Biedermannstraße 86), 1929/30 errichtet, folgt dem Entwurf von Theo Burlage. Sie ist eine der seltenen Kirchenbauten der Moderne, gefördert vom Katholischen Kaufmännischen Verein, der den im Ersten Weltkrieg gefallenen Kaufleuten eine Gedächtniskirche widmen wollte. Die Kirche ist in konsequenter Umsetzung eines Zentralbaus angelegt und wird von einem rund 27 Meter hohen Turm begleitet. Ihre klare Formensprache erzeugt eine skulpturale Wirkung, die durch die schlichten Putzfassaden gesteigert wird. An der

Eingangsseite bildet ein hoher Vorbau mit drei Rundbogenportalen und einem Bonifatius-Fenster von Theo Landmann eine markant-zeichenhafte Front. Ornamente wurden sehr reduziert eingesetzt wie bei dem Bonifatius-Fenster, wo mit eingelegten Klinkern einzelne Strahlen als Symbol für das heilige Licht angedeutet werden. Angesichts der einfachen Außengestaltung kommt der kräftigfarbige Kirchenraum umso stärker zur Geltung. Der hohe Zentralraum ist in kräftigem Blau gehalten und wird von einer goldenen Flachkuppel überwölbt, während der Boden ziegelrot ausgelegt ist. Ein imposantes, sechs Meter großes Kreuz mit leidendem Jesus ist vor einem Farbglasfenster installiert. Bemerkenswert ist das Zusammenspiel von Architektur und Kunst im Kirchenraum: Am Übergang vom Hauptraum zur Gedächtniskapelle entwickeln sich aus vier raumhohen Klinkerpfeilern expressive Terrakottafiguren, die den zweiten gestalterischen Hauptakzent im Kirchenraum bilden. Albert Burges und Wolfdietrich Stein gestalteten zwölf Figuren, die übereinandergestaffelt sind, wobei sie von unten nach oben Opfer, Märtyrer und Heilige darstellen. Durch die beiden Hauptmotive Kreuz und Pfeilerfiguren wird die Doppelfunktion als Kirchenraum und Gedächtnisort für die toten Soldaten deutlich. Gesteigert wird dies durch die besondere Raumform der Gedächtniskapelle, die als Turm außen und innen gleichermaßen wirkt. Eine äußere Raumschicht umgibt den Kirchenraum ringförmig und nimmt die Bonifatius-, Marien-, Tauf- und Gedächtniskapelle auf sowie die Sakristei. Die Bonifatiuskirche wurde im Zweiten Weltkrieg zerstört und zunächst nur behelfsmäßig instandgesetzt. Nach dem Zweiten Vatikanischen Konzil folgte 1968/69 eine Umgestaltung, bei der der Hochaltar einem Volksaltar wich und die überlebensgroße Terrakotta-Skulptur eines toten Kriegers in der Gedächtniskapelle unter den Boden versenkt wurde. 1996 wurden die Fassade saniert und die Kirchenfenster nach originalen Vorlagen rekonstruiert. 2005/06 rekonstruierten Anthusa Löffler und Josef Weber den Kirchenraum nach historischem Befund, während die Anordnung der liturgischen Orte und das Gestühl neugestaltet wurden. Altar und Ambo stehen nun auf einem elliptischen Plateau gleichwertig nebeneinander, und die Gemeinde wird stärker in das Geschehen einbezogen. Der markante Kirchenbau bildet ein gestalterisches Ensemble mit dem benachbarten **St. Elisabeth-Krankenhaus**, das von Paul Fischer mit Theo Burlage 1930/31 errichtet wurde und seine u-förmige Hofanlage zur Kirche orientiert.

Profanbauten

Die **Galopprennbahn Scheibenholz** (V E5/6; Rennbahnweg 2) wurde 1867 in einem Teil des Leipziger Auwaldes nahe des Elsterflutbetts durch den Leipziger Rennklub eröffnet, nachdem der vier Jahre zuvor angelegte Standort in Schönau sich als zu weit vom Stadtzentrum entfernt erwiesen hatte. 1907 errichtete Otto Paul Burghardt einen Tribünenbau, der durch zwei hohe Türme akzentuiert wird und auch auf Fernwirkung angelegt ist. Die Gestaltung verzichtet weitgehend auf Schmuckelemente und erscheint durch das filigran-eiserne Dachfachwerk sachlich-modern. Im Sockelbereich der Tribüne wurde ein Restaurant eingebaut, das sich in Nachbarschaft zum Volksgarten (heute Clara-Zetkin-Park) auch außerhalb der Renntage als beliebtes Ausflugsziel etablierte. Die Rennbahn hat eine Streckenlänge von rund 1750 Metern. Zur DDR-Zeit war die Leipziger Anlage stark frequentiert und wurde unter Leitung des Berliner VEB Rennbahn Hoppegarten betrieben. Nach der politischen Wende konnte mit Gründung des Leipziger Reit- und Rennvereins Scheibenholz der Betrieb weitergeführt und das Tribünengebäude, eine der ältesten deutschen Rennbahnanlagen, rechtzeitig vor ihrem 150-jährigen Jubiläum 2013 denkmalgerecht saniert werden.

Der Tribünenbau der Galopprennbahn Scheibenholz (1907) von Otto Paul Burghardt

Der Campus der **Hochschule für Technik, Wirtschaft und Kultur** (V F7) besteht aus mehreren Gebäuden mit unterschiedlichem Entstehungskontext, die heute die Fakultäten der 1992 neustrukturierten Hochschule für angewandte Wissenschaften beherbergen. Der **Geutebrück-Bau** (Karl-Liebknecht-Straße 132) wurde 1913 von Oberbaurat Seidel als Königlich-Sächsische Baugewerkenschule im schlichten Stil der Reformarchitektur errichtet. Sein bildnerischer Fassadenschmuck verweist auf einzelne Baugewerke, und das Erkerrelief zeigt die Pleißenburg, in der die Baugewerkenschule unter Leitung von Albert Geutebrück 1838 ihren ersten Sitz hatte. 1960 wurde das inzwischen als Hochschule für Bauwesen genutzte Gebäude mit einem modernen Institutsbau von Hans Pape erweitert, der repräsentativ mit Sandstein gestaltet und mit themenbezogenen Kunstwerken ausgestattet wurde, etwa mit dem Eingangsrelief von Waldemar Grzimek und den Wandmosaiken von Gerhard Eichhorn und Peter Sylvester. Das 1926 entstandene Gebäude der Oberpostdirektion (Karl-Liebknecht-Straße 145) von Willibald Seckt wird seit 2001 als **Lipsius-Bau** von der Hochschule genutzt; seine Fassaden zeigen Art-déco-Ornamente am Mittelrisalit sowie expressive Reliefbilder von Alfred Thiele über dem Eingang. Das Ensemble aus **HTWK-Bibliothek und Medienzentrum** (Gustav-Freytag-Straße 40) entstand 2009 nach dem Entwurf von Léon, Wohlhage, Wernik Architekten. Der markante Bibliotheksquader akzentuiert die Blockecke zur Nord-Süd-Magistrale und bildet durch seine weite Auskragung einen foyerartigen Vorplatz. Die weißen Baukörper entwickeln mit spannungsvoller Fassadengestalt skulpturalen Charakter. Das Ensemble wurde mit dem Architekturpreis der Stadt Leipzig ausgezeichnet.

Das **Panometer** (V H7; Richard-Lehmann-Straße 114) ist ein ehemaliger Gasometer, der seit 2003 für thematisch wechselnde Panoramen-Ausstellungen von Yadegar Asisi genutzt wird. Der Gasspeicher war 1910 zur Versorgung der südlichen Stadtteile errichtet worden. Der zylindrische Ziegelbau mit einem Durchmesser von 57 Metern und einer Kuppelscheitelhöhe von 50 Metern barg als Hülle den früheren Glockengasbehälter. 1977 wurde er nicht mehr genutzt, da die Gasproduktion und -speicherung eingestellt wurde. Er stand rund zwanzig Jahre leer, bis Asisi 2003 eine erste Ausstellung realisierte. Das neue Nutzungskonzept sicherte die Instandsetzung und den Erhalt des Technikdenkmals. Die Tradition des Panoramas geht auf die wilhelminischen Schlachtdarstellungen des 19. Jahrhunderts zurück, die in einigen deutschen Großstädten gezeigt wurden, so auch in einem Leipziger Panoramarundbau am Roßplatz von 1883. Die Panometer-Ausstellungen widmen sich Themen von Natur und Landschaft sowie historischen Ereignissen oder Orten.

Das **Lichtspieltheater UT Connewitz** (Wolfgang-Heinze-Str. 12) ist eines der ältesten erhaltenen Lichtspieltheater

Das UT Connewitz ist eines der ältesten Lichtspieltheater (1912)

Deutschlands. Sein Name bezieht sich auf die Kinematographen-Gesellschaft Union-Theater im Stadtteil Connewitz. Das Theater wurde als Teil einer gründerzeitlichen Wohn- und Geschäftshausbebauung von William Pittschaft, Emil Seyfarth und Arthur Werner 1912 errichtet. Es wird von der Straßenfront erschlossen und erstreckt sich mit seinem Kinosaal in den Hof. 1992 wurde der Saal geschlossen, bis sich knapp zehn Jahre später der Verein UT Connewitz dem Kinogebäude widmete und es als Kulturstätte für Konzerte, Kinovorführungen, Lesungen und Theater wieder zugänglich machte. Damit konnte die Bausubstanz erhalten werden. Der Saal wird von einer gewölbten Stahlbeton-Decke mit prägnanten Bogenbindern und einem umlaufenden Rang gefasst. Ein Reliefportikus mit korinthischen Pilastern und Tympanon umrahmt die Filmprojektionsfläche und verbindet die bürgerlich-repräsentativen Theatersäle mit dem populären Kinosaal. Der Innenraum ist zwar in Teilen beschädigt, doch weitgehend original erhalten. 2012 ehrte das Deutsche Nationalkomitee für Denkmalschutz den Verein mit der Silbernen Halbkugel.

Der **Rundling Lößnig** (Siegfriedplatz/Nibelungenring), eine konzentrisch angelegte Großwohnsiedlung aus der Ära der Weimarer Republik, ist in ihrer städtebaulichen Prägnanz eine herausragende Anlage des Stadtbaurats Hubert Ritter. 1929/30 konzipierte er sie für rund 600 Wohnungen – als eine der wenigen Leipziger Siedlungen in der Formensprache des Neuen Bauens. Nach Kriegszerstörungen wurde ein Teil der Bauten um 1965 wiederaufgebaut; Anfang der neunziger Jahre erfolgten weitere Rekonstruktionen sowie die umfassende Sanierung. Die drei- bis viergeschossigen Flachbauten weisen jeweils eine leichte Krümmung auf und bilden eine Konstellation von drei konzentrischen Kreisen. So entstehen im Vergleich zu orthogonalen Zeilensiedlungen unerwartet spannungsvolle Räume für öffentliche Garten- und Weganlagen. Im Zentrum befindet sich ein leicht erhöhter Platz, ursprünglich als gemeinschaftlicher Spielplatz genutzt und heute zum Rosengarten umgestaltet. Die sich regelmäßig wiederholenden Wohnbauten sind mit einfachen Putzfassaden versehen, die durch Loggieneinschnitte und leicht vorspringende Treppenhäuser plastisch gegliedert sind. Die an den Prinzipien des Neuen Bauens »Licht, Luft und Sonne« orientierten Wohnungen entwarf Ritter in mehreren differenzierten Typen und Größen.

Plätze, Parks und Grünanlagen

Der **agra-Park**, ursprünglich **Herfurth'scher Landschaftspark** (Raschwitzer Straße 11), befindet sich zwischen Alt-Markkleeberg und dem unmittelbar angrenzenden Leipziger Stadtgebiet Dölitz. Der Verleger Paul Herfurth hatte hier Ende des 19. Jahrhunderts einen Teil des Auwaldes

Dölitzer Holz zwischen Raschwitzer Straße und Pleiße in einen englischen Landschaftspark umwandeln lassen. 1897 ließ er durch Gustav Hempel an zentraler Stelle eine Villa errichten, die sich in ihrer Gestalt an dem klassizistischen Barock des Petit Trianon in Versailles orientiert und als **Weißes Haus** bekannt ist. Auf ihrer Terrasse sind Nachbildungen von Rokokoplastiken aus Muschelkalk aufgestellt, die der Bildhauer Fritz Walter Kunze um 1890 als Kopien von Originalen aus dem Park Veitshöchheim bei Würzburg anfertigte. Die Gartenfront ist zum Großen Teich ausgerichtet, der durch einen kleinen Rundtempel einen baulichen Akzent erhält. In den zwanziger Jahren erwarb Herfurth einen weiteren Teil östlich der Pleiße. Nach der Enteignung wurden der Park und ein weiterer Teil des Dölitzer Holzes seit 1948 von den Landschaftsarchitekten Helmut Lichey und Günter Winkler als öffentlicher Park für Gartenschauen umgestaltet. Seit 1952 wurden im östlichen Parkteil auch Agrarschauen durchgeführt, die dem Park seinen neuen Namen verliehen und zu erheblichen Überformungen der ursprünglichen Parkstrukturen führten. Im östlich der Pleiße gelegenen Teil wurde 1956 eine **Parkgaststätte** von Heinz Sommer errichtet, die über eine Wegeachse mit dem Weißen Haus verbunden ist und sich in neobarocker Formensprache an dem Bestandsbau orientiert. 1972–75 wurde eine den Park querende Hochstraße errichtet, die das Gelände teilt und stark beeinträchtigt. Seit Anfang der neunziger Jahre ist der agra-Park zentraler Austragungsort des alljährlichen Wave-Gotik-Treffens zu Pfingsten, das seinen Ursprung in der DDR-Subkultur hat. Das Areal ist als Gartendenkmal geschützt und soll im Rahmen der Parksanierung in seinen ursprünglichen Strukturen wiederhergestellt werden: mit einem großbürgerlichen Landschaftspark im Markkleeberger Teil und mit der in den fünfziger Jahren geprägten Parkanlage im Leipziger Teil; zudem widmet sich eine Initiative dem Rückbau der Hochstraße.

Leipziger Westen – Lindenau, Plagwitz, Schleußig: Vom Karl-Heine-Kanal bis zur Baumwollspinnerei

Sakralbauten

Die evangelische **Bethanienkirche** (Stieglitzstraße 42) wurde von den Architekten Carl William Zweck und Hans Voigt 1931–33 errichtet. Ihr 38 Meter hoher Rundturm bildet einen markanten Akzent in der Schleußiger Wohnsiedlung, die kurz vor dem Kirchenbau entstanden war. Mit der Turmgestalt verweisen die Architekten auf das Motiv von Burgtürmen in Bezug zum Lutherwort »Ein feste Burg ist unser Gott«. Ein indirekt beleuchtetes 14 Meter hohes Betonkreuz macht auch nachts auf die Kirche aufmerksam. Mit weit hervortretenden Pfeilerkolonnaden, die dem Kirchenbesucher einladend entgegenkommen, wird ein Kirchhof geschaffen. Der anschließende Sakralraum ist gegenüber dem Terrain um etwa ein Geschoss versetzt. Der quadratische Kirchensaal ist auf den leicht erhöhten Altarraum ausgerichtet und als gestaffelter Portalraum in Blau- und Goldtönen gestaltet. Prägend ist das Glasfenster-Altarbild *Der eintretende Christus* von Emil Block, dem eine weitausladende Sänger- und Orgelempore gegenübersteht. Anfang der neunziger Jahre wurde sie mit einer Jehmlich-Orgel ausgestattet. Eine gestufte Holzdecke bildet den oberen Raumschluss und unterstützt die ausgezeichnete Akustik, so dass in dem fast hallfreien Kirchenraum auch Proben und Tonbandaufnahmen erfolgen. Im Turmfuß grenzt die Brauthalle, die heute als Andachtsraum genutzt wird, an den Kirchensaal.

Die katholische **Liebfrauenkirche** (IV A5; Karl-Heine-Straße 112) wurde 1908 als neoromanische Kirche von Anton Käppler für die angewachsene katholische Gemeinde in den Industriequartieren Lindenau und Plagwitz errichtet. Nachdem bereits 1898 die katholische **Schule** (IV A5; Engertstraße 14) und 1906 das **Pfarrhaus** (IV A5; Karl-Heine-

Straße 110) entstanden waren, bildete der Kirchenbau die letzte Ergänzung der Anlage und unterlag daher schwierigen Bedingungen auf dem Grundstück. Da der Ostchor direkt an das Pfarrhaus angebaut ist und der repräsentativ gestaltete Westchor sich bis kurz vor die Industriegleisanlagen erstreckt, bildet die südliche Längsfassade an der Karl-Heine-Straße die Hauptfront. Von hier aus betritt man das Foyer. Eine breite Treppenanlage führt in den höhergelegenen, an der Romanik orientierten Kirchenraum. Acht mächtige Rundsäulen aus Granit tragen hohe Arkaden und sparsam mit Fenstern ausgestattete Obergaden. Eine flache Holzdecke bildet den Deckenabschluss des Mittelschiffs, das in einem apsidialen Ostchor mündet. Der heutige schlichte Raumcharakter ist wesentlich durch die neue Gestaltung 1933–35 von Rudolf Schwarz geprägt, der im Sinne der liturgischen Erneuerung die farbige Raumgestaltung übermalen ließ, so dass durch ein neutrales Weiß die klare Raumgeometrie hervorgehoben wird. Das Weiß erfährt eindrucksvolle Akzente durch die neuen Seitenschiff-Glasfenster von Anton Wendling, die in kräftigen Farben und geometrisch-abstrakten Formen gehalten sind. Rudolf Schwarz entfernte die Messaltäre in den Seitenschiffen und gestaltete das südliche Seitenschiff für die Tabernakelaufstellung neu. Hierzu wurde eine schmale raumhohe Nische mit tiefrotem und goldenem Mosaik ausgekleidet, so dass das Bild eines Felsspalts mit der herausragenden Tabernakelkonsole entsteht. Als Pendant dazu gestaltete Thea Schneiders im nördlichen Seitenschiff ein raumhohes Wandmosaik mit Mariendarstellung, das 1951 ausgeführt wurde; rund zehn Jahre zuvor waren ihre zwei Wandteppiche mit Engeldarstellungen beidseitig der »Felsspalte« installiert worden. Unter der Orgelempore errichtete Schwarz eine Werktagskapelle, für die er einen schlichten Altartisch aus Eichenholz entwarf und darüber ein Kruzifix von Maria Stapp installieren ließ. Zur intendierten Neugestaltung des Chorraums kam es in den dreißiger Jahren nicht, sondern erst nach dem Tod von Rudolf Schwarz im Rahmen einer Kirchenraumsanierung 1964 durch Arthur Becker, der den neoromanischen Hochaltar mit Ziborium durch einen neuen Marmoraltar ersetzte und zwei Ambonen symmetrisch anordnete. 1980 wurde ein emaillierter Radleuchter über dem Altar zeichenhaft als Lichtkrone aufgehängt und bildet in dem weiß gehaltenen Chor das zentrale Bildmotiv, der Entwurf hierzu stammt von Maria Schwarz, die das Konzept ihres Mannes aus den dreißiger Jahren vervollständigte.

Profanbauten

Das **Theater der Jungen Welt** (IV B4; Lindenauer Markt 21) wurde 1946 als erste Spielstätte für ein Kinder- und Jugendtheater im deutschsprachigen Raum eröffnet. Sein Spielort war ursprünglich der Weiße Saal in der Kongresshalle am Zoo, der nach einem Brand 1989 nicht mehr zur Verfügung stand. 2003 wurde das Haus am Lindenauer Markt nach Umbauten zum dauerhaften Domizil. Das Gebäude hat eine lange Tradition als Veranstaltungsstätte, es wurde um 1900 zunächst als Gasthof zum Deutschen Haus von Carl Fischer errichtet und in dem beliebten Ausflugsort Lindenau bald zum Hotel, Konzert- und Ball-Etablissement ausgebaut. Seit 1945 war es Operettentheater und, nachdem das Ensemble in das nahegelegene Haus Dreilinden umgesiedelt war, beherbergte es das Haus der Volkskunst. Nach der Wende wurde der Beschluss zum Umbau für das Theater der Jungen Welt 1993 gefasst. Die historische Fassade ist durch bossierte Lisenen, Mittelerker und eine turmartige Eckausbildung vertikal akzentuiert und findet ihren Abschluss in einem hohen Walmdach mit markanter Giebelseite zum Marktplatz. Das benachbarte Wohngebäude Nr. 19 greift die Fassadengestaltung auf und bildet somit ein Pendant zum Theaterhaus. Das Theater der Jungen Welt hat sich im Leipziger Kulturleben als wichtige Institution etabliert und wurde für seine Inszenierungen mehrfach ausgezeichnet.

Die **Musikalische Komödie** (IV C4; Dreilindenstraße 30/32) ist ein Operetten- und Musicaltheater im Haus Dreilinden, das 1912/13 von Otto Gerstenberger errichtet wurde. Das frühere Gasthaus war ein prominentes Ausflugsziel in Lindenau, dessen großer Festsaal bereits 1919 zum Varietétheater umgebaut wurde. Nach dem Zweiten Weltkrieg war es zunächst Interimsspielstätte der Oper, bis sie 1960 ihr neues Haus am Augustusplatz beziehen konnte. Seitdem wird das Haus als zweites Musiktheater von der Musikalischen Komödie genutzt. Der große Theatersaal liegt im Blockinnern, während sein dreigeschossiges Eingangsgebäude in die Blockrandbebauung der Dreilindenstraße integriert ist. Es hebt sich von der benachbarten Wohnbebauung vor allem durch den mittleren Risalitbau ab, der das hohe Walmdach überragt. Ein leicht geschwungenes Vordach erstreckt sich über dem Eingangsportikus. Das Haus ist funktional angelegt und weist nur sparsam Schmuckelemente auf, heute fehlen die ursprünglichen Skulpturen auf den Postamenten im Obergeschoss und im Attikageschoss. Im Innern beeindruckt der Saal durch ein weitspannendes Rippentonnengewölbe aus Stahlbeton, das im Rahmen der dringendsten Restaurierungsarbeiten und beim Rückbau von baulichen Veränderungen der vergangenen Jahrzehnte 1992 freigelegt wurde.

Die **Meyer'schen Häuser Lindenau** (IV C3; Demmering-, Henrici-, Hahnemann-, Roßmarkt-, Rietschel- und Erich-Köhn-Straße) bilden die erste von insgesamt vier Großwohnanlagen, die der Verleger Herrmann Julius Meyer seit 1888 errichten ließ, um der Bevölkerung in den Arbeiterwohnquartieren Lindenau (1888–98), Eutritzsch (1899–1901), Reudnitz (1903–08) und Kleinzschocher (1907–37) sozialverträgliche Wohnangebote jenseits des von Spekulation geprägten Wohnungsmarkts zu machen. Für das sozialreformerische Projekt gründete der seit 1874 in Leipzig ansässige Verleger und Herausgeber von *Meyers Konversationslexikon* 1888 einen Verein und 1900 die »Stiftung zur Erbauung billiger Wohnungen in Leipzig«. Der dem Bauherrn nahestehende Architekt Max Pommer erhielt 1888 den Auftrag zum Entwurf der ersten Wohnanlage in Lindenau. Die rund 410 Wohnungen gestaltete er einfach und zweckmäßig mit guter Belichtung und Belüftung, dabei basieren sie auf einem standardisierten Typus, um eine kostengünstige Erstellung zu ermöglichen. Die Blockrandbebauungen zeigen regelmäßig gegliederte Putzfassaden, die mit Ziegelbögen und -gesimsen gestaltet sind und in markanten Ecktürmen münden. Sie fassen große Gartenhöfe ein, in denen sich auch ein Kindergarten sowie ein Waschhaus als gemeinschaftliche Einrichtung befinden. Die Wohnanlage zeigt sich formal weitgehend konventionell, doch erweist sich ihr neues funktionales Konzept als frühes Beispiel der sozialen Wohnreform. Nach der Wende wurde die Anlage denkmalgerecht saniert, so dass die Stiftung 1997 mit dem Deutschen Bauherrenpreis Modernisierung ausgezeichnet wurde.

An der **Karl-Heine-Straße** entstand bereits Anfang der neunziger Jahre die Schaubühne Lindenfels als Kunst- und Kulturzentrum. Mit der Einführung eines regelmäßigen Karl-Heine-Straßenfests 2006 als Initiative von Kulturakteuren entfaltete sich neues Stadtleben in dem ehemaligen Industriequartier unter dem Namen »Westbesuch«, der wenig später zum Label »Westkultur« für verschiedene Orte der Kreativwirtschaft im Leipziger Westen abgewandelt wurde. Seit 2007 entwickelte sich sukzessive der Kulturraum **Westwerk** (IV B5; Karl-Heine-Straße 93). Das Gebäude der **Schaubühne Lindenfels** (IV C4/5; Karl-Heine-Straße 50) entstand 1876 als Ballhaus, das Emil Franz Hänsel 1900 durch einen Saalbau erweiterte (heute Lindenfels Westflügel). Von 1906 bis 1986 war hier ein Kino eingerichtet, das Lichtspieltheater Lindenfels. Nach mehrjährigem Leerstand wurde der Bau ab 1993 sukzessive zur

Aus einem früheren Lichtspieltheater wurde 1993 die neue Schaubühne Lindenfels.

Schaubühne Lindenfels mit kombiniertem Theater- und Kinosaal von Anka Baier, René Reinhardt und dem Verein Internationale Theatererkundungen umgewandelt, die auf der Suche nach einem neuen Spielort waren. Bald erwies sich die Schaubühne als wichtiger Impulsgeber für den Wandel der Karl-Heine-Straße, da sie mit Inszenierungen wie *JahrtausendFeld* auch Brachflächen im öffentlichen Raum bespielte. Nach Jahren der Existenzgefährdung konnte der Verein als gemeinnützige Aktiengesellschaft die Schaubühne 2005 erwerben und damit ihr Bestehen sichern. Der schlichte zweigeschossige Baukörper erhält einen ungewöhnlichen Akzent durch die Installation eines überdimensionierten, surreal wirkenden Uhrenziffernblatts und seines Metallletter-Namenszugs, die auf den

Kulturort verweisen. Weiter stadteinwärts findet sich der **Felsenkeller** (IV C4; Karl-Heine-Straße 32), der ursprünglich, 1890, auch als Ballhaus von August Hermann Schmidt und Arthur Johlige im neobarocken Stil mit markantem Kuppelturm errichtet wurde; nach verschiedenen Interimsnutzungen entwickelte sich hier ein soziokultureller Veranstaltungsort.

Die **Konsumzentrale** (IV B5; Industriestraße 85–95) ist ein denkmalgeschützter Büro- und Industriebau des Hamburger Architekten Fritz Höger, der durch seine expressive Backsteinarchitektur in den zwanziger Jahren bekannt wurde. Der Plagwitzer Bau von 1932 nimmt in seinem Werk eine besondere Stellung ein, denn hier orientiert sich der Traditionalist Höger spürbar am gestalterischen Ausdruck der Sachlichkeit. Dies ist nicht zuletzt den Erwartungen des bereits 1884 gegründeten Consum Vereins für Plagwitz und Umgegend (später Konsumgenossenschaft) geschuldet, der im Neuen Bauen den adäquaten Ausdruck seines sozialen Wirtschaftsmodells reflektiert sah. Die Konsumzentrale fügt sich als Blockrandbebauung in das Stadtraster und besteht aus einem Bürogebäude, einem Lagergebäude, einer Werkstatt und einem mit Tiefgarage unterkellerten Hof. Zur Industriestraße zeigt sich das Bürogebäude mit einfacher Klinkerfassade, die durch Bandfenster eine dynamische Wirkung erzielt. Im Bereich des Treppenhauses entsteht ein Vertikalakzent, der zugleich auf den Eingang verweist. Hier sind in die rote Klinkerfassade feine goldfarbene Steinbänder eingefügt. Ein farblicher Komplementärkontrast entsteht mit türkisfarbenen Kacheln im Foyer- und Treppenhausbereich. Neben dem Treppenhaus sind auch das Aufsichtsratszimmer sowie die Schüsselglasscheiben der Fenster noch original erhalten. Als eines der EXPO-Projekte »Plagwitz auf dem Weg ins 21. Jahrhundert« wurde der Bau um 2000 in Teilen instandgesetzt. Der weitläufige Saal im obersten Geschoss sowie die Dachterrasse wurden in der historischen Fassung wiederhergestellt; sie unterstützen gestalterisch Anklänge an das Schiffsmotiv in der Architektur. In den nachfolgenden Jahren wurde die Konsumzentrale weiter ausgebaut, dabei entstanden im Werkstattkomplex zusätzlich Büros und Ateliers, so dass die Konsumzentrale heute von mehreren Unternehmen genutzt wird.

Die **Baumwollspinnerei** (IV A5; Spinnereistraße 7) ist ◆ ein weiträumiges Werksgelände mit mehreren Industriebauten, Verwaltungs- und Arbeiterwohngebäuden, das 1884 zwischen Karl-Heine-Kanal und Plagwitzer Bahnhof entstand und sich bereits zu Beginn des 20. Jahrhunderts als eine der größten europäischen Baumwollspinnereien in Gestalt einer Fabrikstadt mit eigenem Gleisanschluss entwickelt hatte. Bis 1989 war die Spinnerei in Betrieb. Nachdem die Produktion Anfang der neunziger Jahre weitgehend eingestellt worden war, eigneten sich einzelne Künstler und Freischaffende die Industriehallen als Atelier-, Werkstatt- und Ausstellungsbereich sukzessive an. So wurden Künstler der Neuen Leipziger Schule wie Neo Rauch, Rosa Loy, Matthias Weischer, Jim Whiting und Tilo Baumgärtel zu Pionieren der Gelände-Revitalisierung. 2001 erwarben engagierte Gesellschafter das Areal und bauten programmatisch Produktions- und Ausstellungsorte aus. Mit der **Galerie Eigen & Art** (Halle 5) von Gerd Harry Lübke war 2005 ein wichtiger Impulsgeber in der ehemaligen Dampfmaschinenhalle angesiedelt, der auch international Aufmerksamkeit erlangte. Auf dem Spinnerei-Gelände befinden sich: **Galerie ASPN**, (Produzenten-)**Galerie b2_**, **Galerie Josef Filip** (alle Halle 20), **Galerie Hempel** (Halle 4), **Galerie Kleindienst** (Halle 3) und **Galerie REITER** (Halle 6). Ein zentral gelegenes Gebäude wurde sukzessive als Kunstzentrum **Halle 14** ausgebaut. Inzwischen haben auch Spielstätten hier ihren Sitz, wie die **Residenz** des Schauspiels (Halle 18), das **LOFFT** Leipziger OFF-Theater und das **LTT** Leipziger Tanztheater (Halle 7). Ein zentraler Treffpunkt ist das Café und Restaurant Mule am Haupteingang.

Das Werksgelände einer der größten Baumwollspinnereien entwickelte sich nach der Stilllegung zum Ort für Künstlerateliers und Galerien – »From cotton to culture«.

Seit 2005 finden Spinnerei-Rundgänge statt, bei denen sich das Gelände festivalartig belebt und Galerien, Ateliers und Werkstätten besichtigt werden können. Die Transformation des Ortes wird unter dem Motto »From cotton to culture« zusammengefasst; sie war ein wichtiger Impuls für die Stadtentwicklung der ehemaligen Industriequartiere Lindenau und Plagwitz. So entstanden verschiedene Folgemodelle, etwa das **Tapetenwerk** an der Lützener Straße 91.

Plätze, Parks, Grünanlagen und Gewässer

Der **Karl-Heine-Kanal** (IV D4–A5) ist ein Abschnitt des projektierten Verbindungskanals zwischen der Weißen Elster in Leipzig und der Saale in Leuna. Den Kanalbau initiierte Dr. Karl Heine 1856, um die Anbindung der sich entwickelnden Industriegebiete Lindenau und Plagwitz an den Schiffsweg zu ermöglichen. Der Kanalbau wurde an der Weißen Elster im Bereich Nonnenstraße begonnen und in mehreren Etappen bis 1898 mit einer Länge von 2600 Metern ausgebaut. Die letzte rund 500 Meter lange Verbindungsstrecke zum **Lindenauer Hafen** blieb jahrzehntelang unvollendet, bis 2015 im Rahmen des Projekts Wasserstadt Leipzig das fehlende Kanalstück ergänzt wurde. Jenseits des Hafens steht die geplante Saaleanbindung noch aus. Entlang des mit Speicher- und Lagergebäuden angelegten Hafenbeckens (1938–43) wurden Grünanlagen und eine Promenade für Freizeit- und Erholungsaktivitäten gestaltet. Das Areal wurde 2013 städtebaulich als wassernahes Wohnviertel entwickelt und bis 2022 realisiert; es setzte somit den Transformationsprozess des Leipziger Westens fort. Der Karl-Heine-Kanal wurde während der DDR-Zeit zur Einleitung von Industrieabwässern genutzt und war stark verseucht, so dass er ein Negativimage als Kloake hatte. Nach seiner Sanierung 1993–97 erfuhr der Wasserweg eine überzeugende Transformation und wurde

Der Karl-Heine-Kanal wurde als schiffbare Verbindung für die Industriequartiere Plagwitz und Lindenau angelegt und ist heute wichtiges Element der Wasserstadt Leipzig.

zu einem identitätsstiftenden Element in den ehemaligen Industriequartieren. Die neue Ufergestaltung mit Fuß- und Radwegen machte ihn zum Ort des Aufenthalts und der Erholung. Im Rahmen der Ufergestaltung wurde auch der ehemalige Verladebahnhof zur Expo 2000 durch die Landschaftsarchitekten Cornelia Müller und Jan Wehberg als thematischer **Stadtteilpark Plagwitz** (IV B5; Industriestraße) konzipiert. Die Bauten an seinen Ufern erfuhren eine positive Adressbildung wie das angrenzende **Stelzenhaus** (IV B5; Weißenfelser Straße 65), das 1939 von Hermann Böttcher als Industriebau errichtet wurde und seinen Namen wegen der markanten Betonstützenkonstruktion an der Uferböschung erhielt. Der Bau wurde von Gabriele Weis und Gunnar Volkmann als Bürohaus und Restaurant behutsam umgebaut. Die **Buntgarnwerke** (IV C5; Nonnenstraße 17–21), die 1879–88 als Uferbebauung an der Weißen Elster und dem Kanalabzweig errichtet wurden, konnten nach Stilllegung der Produktion um 1990 für Wohnzwecke zu den Elsterlofts umgebaut werden. Galten Plagwitz und Lindenau noch 1989 aufgrund ihrer desolaten Situation als nicht mehr zu rettende Quartiere, so hatte sich die Perspektive einige Jahre später grundlegend geändert, und zur Expo 2000 wurde von »Plagwitz auf dem Weg ins 21. Jahrhundert« gesprochen, wobei die Kanalrevitalisierung eine wesentliche Bedeutung hatte. Der Karl-Heine-Kanal ist mit seinen Uferbefestigungen und 15 Brücken inzwischen ein Leipziger Kulturdenkmal.

Leipziger Norden – Gohlis, Eutrizsch, Wiederitzsch: Vom Schillerhaus zur Neuen Messe

Sakralbau

Die evangelische **Versöhnungskirche** (Franz-Mehring-Straße 44) von Hans Heinrich Grotjahn gehört zu den bedeutendsten Kirchenneubauten der Neuen Sachlichkeit in Leipzig. Die 1932 fertiggestellte Kirche setzt in der Gohliser Wohnsiedlung einen Akzent mit ihrem 43 Meter hohen Glockenturm, der in seiner Höhenwirkung durch vertikale Glasbausteinbänder gesteigert wird. Die südliche Eingangsfront ist von einem fassadenhohen, kreuzförmigen Beton-Farbglas-Fenster (1973) von Matthias Klemm und Johannes Roemer (ursprünglicher Glasfensterentwurf 1932 von Odo Tattenpach und Curt Metze) geprägt, das bei abendlicher Hinterleuchtung eine besondere Ausstrahlung hat. Über die beiden seitlichen Eingänge gelangt der Besucher in die niedriger gelegene Vorhalle und weiter in den hohen Kirchenraum, der durch die Seitenfenster und das verdeckte Oberlicht im Altarbereich eine sakrale Lichtstimmung hat. Die Saalkirche beeindruckt durch die tektonische Raumgestaltung mit Stahlbetonstützen und -bin-

Versöhnungskirche in Gohlis-Nord
von Hans Heinrich Grotjahn

dern, die von den Wänden bis zur Staffeldecke durchgängig plastisch gestaltet sind. In dem leicht erhöhten Altarbereich ist eine vier Meter hohe Christusfigur aufgestellt, die durch das Oberlicht und den hellen Wandhintergrund als zentrale Figur des Raums hervorgehoben wird. Überzeugend wirkt dieser Bereich mit seinen bewusst einfachen, fein abgestimmten Elementen wie Altar und Christusfigur mit raumhohem Steinband, die von Max Alfred Brumme konzipiert wurden. Die seitlich angeordnete Orgel ist durch die Prospektgestaltung in die Raumtektonik integriert und hat in der gegenüberliegenden Kanzel ein gestalterisch-funktionales Pendant als Ort der Verkündung. Eine kleinere Feierkirche befindet sich im Ostflügel und ist mit szenischen Farbglasfenstern von Odo Tattenpach ausgestattet, die Stationen aus dem Leben Jesu darstellen sowie einen gläubigen Menschen der Gegenwart.

Profanbauten

Das **Gohliser Schlösschen** (IV E1; Menckestraße 23) ließ der Leipziger Kaufmann und Ratsherr Johann Caspar Richter 1756 als spätbarockes bürgerliches Sommerpalais vor den Stadttoren Leipzigs am Dorfanger Gohlis errichten. Das langgestreckte Hauptgebäude ist mit seiner nördlichen Eingangsfront zur Menckestraße eingeschossig und mit hohem Mansarddach ausgebildet, während es zum Poetenweg aufgrund des Geländeversprungs zusätzlich ein Souterrain hat. Auf der südlichen Seite wird der Mittelteil des Gebäudes mit einem dreigeschossigen Risalit gestalterisch gegenüber dem hohen Mansarddach akzentuiert und mündet in einem Uhrenturm. Die repräsentativen Säle und Wohnräume sind als Enfilade gestaltet und sämtlich zum südlich gelegenen Garten und damit zum nahegelegenen Rosental orientiert. Der Steinsaal mit direktem Gartenzugang trägt seinen Namen aufgrund der marmor- und alabasterimitierenden Malerei. Darüber ist der Salon angeordnet, und im Obergeschoss befindet sich der zentrale Festsaal, der mit illusionistischer Architekturmalerei ausgestattet ist sowie mit dem Deckenbild *Lebensweg der Psyche* 1779 von Adam Friedrich Oeser. Eingeschossige Flügelbauten, die ursprünglich als Orangerien und Kegelbahnen genutzt wurden, grenzen an das Hauptgebäude und fassen einen Gartenhof ein. Ein Wasserspiel steht im Zentrum der barocken Freianlage, in der einzelne Kastanien- und Eichenbäume räumliche Akzente setzen. 1937 wurde das Königsdenkmal für Friedrich August von Wettin, Kurfürst und König von Sachsen, von seinem ursprünglichen Standort am Königsplatz (heute Wilhelm-Leuschner-Platz) in den Garten des Schlösschens versetzt. Dieses Standbild schuf Adam Friedrich Oeser 1780 aus sächsischem Marmor. Das Gohliser Schlösschen ist Eigentum der Stadt Leipzig und wird in den letzten Jahren von dem Freundeskreis Gohliser Schlösschen e.V. betrieben, der sich für die Durchführung von kulturellen Veranstaltungen an diesem Ort engagiert. Ein Café und ein Restaurant laden in den gartenwärts orientierten Räumen, dem Steinsaal und dem östlichen Flügelbau, zum Verweilen ein.

Das Schillerhaus (Menckestraße 42) ist eine Literaturgedenkstätte, die auf ein Bauernhaus mit Stallgebäude von 1717 zurückgeht und als älteste Anlage des früheren Dorfs Gohlis erhalten ist. Das Stallgebäude wurde um 1750 ausgebaut und aufgestockt, so dass Quartiere für Sommergäste des zunehmend geschätzten Dorfes entstanden. Friedrich Schiller wohnte und arbeitete auf Einladung seines Mäzens Christian Gottfried Körner von Mai bis September 1785 hier, zugleich hatte auch sein Leipziger Verleger Georg Joachim Göschen eine Wohnung im Haus. Das Wohn- und das Gasthaus sind aus Feldsteinen und Fachwerk mit Lehmausfachungen erbaut. 1841 wurde das Haus auf Initiative des Publizisten und Politikers Robert Blum zur Gedenkstätte erklärt und mit einer neu errichteten

Das Schillerhaus ist Literaturgedenkstätte und ältestes Haus des früheren Dorfes Gohlis.

Ehrenpforte eingeweiht, deren Supraporte eine Gedenkinschrift trug: »Hier wohnte Schiller und schrieb das Lied an die Freude im Jahre 1785«. Angesichts eines drohenden Abbruchs erwarb der 1842 gegründete Schillerverein das Haus, führte um 1860 weitere Umgestaltungen im Bereich der Außenfassaden und -anlagen aus und machte es der Öffentlichkeit zugänglich. In diesem Kontext entstand im rückwärtigen Bereich eine aufwendige Bauerngartenanlage, die mit Rosen und Weinstöcken bepflanzt ist. 1911 wurde die zwischenzeitlich entfernte Ehrenpforte rekonstruiert, während die Gedenktafel an der Hausfassade verblieb. Heute wird das Schillerhaus als eine der Außenstellen des Stadtgeschichtlichen Museums Leipzig genutzt.

Die **Kroch-Siedlung** (Landsberger Straße / Max-Liebermann-Straße) gehört mit dem Rundling in Lößnig zu den herausragenden Siedlungen des Neuen Bauens in Leipzig.

Das Gesamtkonzept der Zeilenbausiedlung stammt von den renommierten Wohnungsbauarchitekten Paul Mebes und Paul Emmerich aus Berlin, deren Entwurf in einem Wettbewerbsverfahren prämiert worden war. Die Siedlung wurde als nördliche Stadterweiterung Neu-Gohlis errichtet und war ursprünglich viermal so groß und mit öffentlichen Bauten geplant, doch konnte aufgrund der Weltwirtschaftskrise bis 1930 nur ein Teil mit rund 1000 Wohnungen realisiert werden. Der gebräuchliche Name der Siedlung geht auf den Hauptaktionär der Leipziger AG für Haus- und Grundbesitz zurück, den Bankier Hans Kroch. Für die Ausführung von unterschiedlichen Wohnzeilentypen wurden neben Mebes und Emmerich auch die Leipziger Architekten Johannes Koppe, Max Fricke und der Dresdener Architekt Adolf Muesmann hinzugezogen. Die Wohnzeilen sind so positioniert, dass angenehme Gartenräume entstehen, die den Bewohnern den Aufenthalt und vielfältige Tätigkeiten im Freien erlauben. Die Wohnungen der drei- bis viergeschossigen Bauten erfahren über verschiedene Öffnungen wie Loggien, Hauslauben und Fenster an den Ost-West-Längsfassaden eine optimale Belichtung. Alle Wohnungen hatten bereits bei der Erstausstattung eine zentrale Heizung, Warmwasseranschluss sowie ein Bad und zeugten somit von besonderer Großzügigkeit und Modernität. Eingeschossige Ladenbauten bilden den räumlichen Abschluss der Siedlung zur Max-Liebermann-Straße. Die denkmalgeschützte Kroch-Siedlung wurde nach 1990 umfassend saniert; ein engagierter Bürgerverein recherchierte und publizierte zur Geschichte der Siedlung und zum Schicksal des jüdischen Bankiers Hans Kroch.

Bereits kurz nach der politischen Wende wurde die weitreichende Entscheidung zum Bau der **Neuen Messe Leipzig** (Messeallee 1) getroffen, damit die Messestadt sich auch in der nationalen Konkurrenz etablieren konnte. In einem Wettbewerbsverfahren wurde der Entwurf von Volkwin Marg und Hubert Nienhoff, gmp Architekten, prämiert

Glashalle der Neuen Messe Leipzig

und bereits im Frühjahr 1996 konnte die Neue Messe eröffnet werden. Die Lage des neuen Messeareals an der nördlichen Peripherie in Leipzig-Seehausen ermöglicht eine gute infrastrukturelle Anbindung an Flughafen, Autobahn und Bahnstrecke, bietet allerdings keine unmittelbaren städtebaulichen Anknüpfungspunkte. Daher ist in dieser Umgebung die Ausdruckskraft von Architektur und gestalteter Landschaft der Neuen Messe entscheidend, um einen prägenden Raum zu schaffen. Die zentrale Glashalle ist der identitätsstiftende Bau der Neuen Messe; sie ist als 30 Meter hohe Bogenhalle mit einer Länge von 240 Metern ausgebildet. Zehn außenliegende hohe Stahlfachwerkbögen tragen die punktgehaltene, abgehängte Glashülle. Für die ingeniöse Stahl-Glas-Konstruktion kooperierten die Architekten mit dem Londoner Ingenieur Ian Ritchie. Die Halle bezieht sich auf die Tradition des Leipziger Hauptbahnhofs und des ersten Weltausstellungsbaus, des Londoner Kristallpalasts von Joseph Paxton. Unter dem gläsernen Tonnengewölbe zeigt sich eine Gliederung in einzelne Raumsequenzen mit eingestellten Elementen für die Eingangszonen und Serviceeinrichtungen sowie mit skulpturalen Treppenaufgängen und einem Magnolienhain. Die Glashalle ist in einem zwei Kilometer langen Landschaftsband angelegt, das von Wehberg, Eppinger, Schmidtke differenziert gestaltet wurde. Es ist als Mulde ausgebildet und liegt etwa fünf Meter tiefer als das umgebende Terrain, um den zentral gelegenen Eingangsbereich unabhängig vom trostlosen peripheren Kontext markant zu inszenieren. An der Westseite der Glashalle ist der **Merkurbrunnen** als langgestreckter Messesee angelegt, der auf die Freianlagen des Völkerschlachtdenkmals als charakteristischem Leipziger Ort anspielt. Den mit Weiden und Kastanien gesäumten Messesee quert ein »Mosesweg«, der die Wasserfläche teilt und den Besuchern das Durchschreiten des Wasserbeckens erlaubt. An der Ostseite prägen weitere Grünanlagen und Wasserbecken sowie ein Foyerbau den Zugang. Beidseitig der Glashalle sind die vier Ausstellungshallen, die Hochhalle und das **Congress Center Leipzig** angeordnet und über gläserne Röhrenbrücken und Zwischenbauten miteinander verbunden. Die Messebauten sind zugleich ein Ausstellungsort von international renommierten Künstlern, so finden sich in der Glashalle Kunstprojekte von Jenny Holzer (Elektronische Schrifttafeln an den Kassen), Daniel Buren (Rolltreppenzeichnung), Jorge Prado (Business Lounge), Olaf Nicolai (Terrazzobodenarbeit) und in den Glasbrücken von Sandra Bulloch (Lampeninstallation) sowie im Congress Center von Sol LeWitt (Wandmalerei im Foyer). Bereits von der Bahnstrecke oder von der Autobahn ist das neue Messegelände mit seinem 85 Meter hohen Messeturm und dem charakteristischen Doppel-M zu erkennen, das ursprünglich für »Mustermesse« und heute für »Menschliche Messe« steht.

Plätze, Parks, Grünanlagen und Friedhöfe

Die Stadt Leipzig erteilte der jüdischen Gemeinde 1814 eine Konzession für den Ersten Jüdischen Friedhof in der Stephanstraße, der fünfzig Jahre später aufgrund dichter Belegung mit Grabstätten der stark angewachsenen Gemeinde geschlossen wurde und seit 1936 nicht mehr existiert. 1864 wurde der **Alte Israelitische Friedhof** (Berliner Straße 123) eingeweiht, auf dem bis 1928 Bestattungen erfolgten. Die in Kultur und Wirtschaft engagierten Persönlichkeiten wie Henriette Goldschmidt, Martin Samuel Kroch und Julius Ariowitsch wurden hier beigesetzt. Wilhelm Haller schuf 1926 einen Ehrenhain für die im Ersten Weltkrieg gefallenen jüdischen Bürger, indem er ein Gedenkwandrelief mit gerahmtem Davidstern und beidseitig liegenden Löwen gestaltete und somit traditionelle jüdische Symbole einsetzte; unter der zentralen Inschrift finden sich die Namen von 121 Gefallenen. Diese expressiv-figürliche Komposition wird durch zwei brennende Fackeln seitlich begrenzt. Der weiter nördlich gelegene **Neue Israelitische Friedhof** (Delitzscher Straße 224) wurde 1928 eingeweiht. Eine Feierhalle in eindrucksvoller spätexpressionistischer Formensprache von Wilhelm Haller prägte ursprünglich den Eingangsbereich. Die Kuppelhalle wurde zehn Jahre später in der Pogromnacht in Brand gesetzt und musste danach gesprengt werden. An ihrer Stelle wurde in der Nachkriegszeit eine neue, schlichte Halle 1955 von Walter Beyer errichtet. Nachdem die Nationalsozialisten die Konzession für den Ersten Jüdischen Friedhof in der Stephanstraße unter dem Vorwand einer Parkplanung gekündigt hatten, wurden einige seiner Grabsteine 1936 auf dem Neuen Friedhof aufgestellt. Des Weiteren finden sich hier die Grabstätten des Rabbiners Felix Goldmann und des Rauchwarenhändlers Chaim Eitingon.

Sehenswürdigkeit in der Umgebung: Südraum Leipzig und Leipziger Neuseenland

Der **Südraum Leipzig** umfasst das Gebiet vom Süden Leipzigs bis nach Borna, in dem es schon vor drei Jahrhunderten aufgrund des hohen Braunkohlevorkommens in der Leipziger Tieflandbucht zu ersten Bergbauaktivitäten kam. Dies verstärkte sich Mitte des 19. Jahrhunderts mit weiterer Industrialisierung. Im 20. Jahrhundert führte intensiver Tagebau zu weiträumigen Eingriffen in die Landschaft sowie zum Bau zahlreicher Industrieanlagen für die Verarbeitung der Braunkohle. In der DDR war der Rohstoff und Energieträger für die industrielle Carbochemie und die Brikettproduktion wesentlich, und so wurden die Tagebaue in den Zentren **Espenhain** und **Zwenkau** seit Mitte der siebziger Jahre radikal ausgekohlt und Brikettfabriken, Kraftwerke und Schwelereien errichtet. Drastische Maßnahmen wurden ergriffen, wie die Umsiedlung von Menschen, die Zerstörung ihrer Heimatorte, die Verlegung der Weißen Elster und der grundlegende Umbau weiter Landschaftsräume. Ein Teil der Braunkohleförderung wurde in Großkraftwerken verstromt und ein anderer wurde in den Veredlungsbetrieben und in der chemischen Industrie weiterverarbeitet – mit der Konsequenz enorm hoher Umweltbelastung, die bis in das Leipziger Stadtzentrum spürbar war.

Nach der politischen Wende folgte ein Strukturwandel, da die Braunkohle wegen Stilllegung der Carbochemie und der Entwicklung neuer Energiekonzepte an Bedeutung verlor. Zahlreiche Tagebaue wurden in relativ kurzer Zeit eingestellt und die Bergbausanierungen durch die Lausitzer und Mitteldeutsche Bergbau-Verwaltungsgesellschaft begannen. Nach der anfänglichen, rein technokratischen Sicherung der Tagebaulöcher setzte bald ein Prozess zur

Gestaltung eines neuen Landschaftsraums ein, so dass aus den Orten der monostrukturellen Tagebauarbeit neue Orte der vielfältigen Kultur und Erholung entstehen sollten.

Der Südraum Leipzig ist Teil der **Mitteldeutschen Straße der Braunkohle**, die sich bis in die Lausitz nach Sachsen-Anhalt erstreckt. Während die Landschaftstransformation des Lausitzer Bergbaureviers durch die Internationale Bauausstellung Fürst-Pückler-Land (2000–10) und ihren Geschäftsführer Rolf Kuhn begleitet wurde, fand die Entwicklung des Südraums Leipzig durch Regionalkonferenzen und das Kommunale Forum Unterstützung. Eine international besetzte Regionalkonferenz 1994 arbeitete die Potenziale eines **Leipziger Neuseenlandes** um **Markkleeberg**, **Zwenkau**, **Böhlen** und **Espenhain** heraus, indem ein Gewässerverbund vorgeschlagen wurde: Die inzwischen gefluteten Seen wie der **Cospudener See**, der **Zwenkauer See**, der **Markkleeberger See** und der **Störmthaler See** sollen über Wasserwege miteinander verbunden werden; zusammen mit weiteren, südlich gelegenen Seen und zu flutenden Restlöchern (bis 2060) bilden sie das Leipziger Neuseenland.

Die Ufer der bereits angelegten Seen wurden mit Freiräumen und Bebauungen neugestaltet. Einzelne Sachzeugen aus dem Tagebau Espenhain wurden vor der Verschrottung gerettet und im **Bergbau-Technik-Park Großpösna** installiert, wie ein gigantischer Schaufelradbagger und ein Bandabsetzer. Zu den Bergbaudenkmalen gehört auch die **Brikettfabrik Witznitz** in **Borna**, deren Pressen-, Kühl- und Trockenhäuser sukzessive saniert und als Wohnungen neugenutzt werden sollen. Im Südraum Leipzig finden sich heute letztlich Tagebaue in verschiedenen Stadien: vom Aufschluss und Betrieb im Bergbaurevier um Borna bis zur Rekultivierung in den Bergbaufolgelandschaften in Markkleeberg und Zwenkau.

Der **Cospudener See** grenzt an Leipzig, Markkleeberg und Zwenkau. Seine Rekultivierung war das erste Modellprojekt des Leipziger Neuseenlandes. Der Name des Sees geht auf das frühere Dorf Cospuden zurück, das sich an dieser Stelle befunden hatte und dessen Einwohner bereits 1974 im Rahmen des Tagebaus Zwenkau umgesiedelt worden waren; das Gebiet nahe des Leipziger Auenwaldes wurde erst 1981 aufgeschlossen. Bereits zur DDR-Zeit hatte es Proteste gegeben, die in der erfolgreichen Bürgerinitiative »Stoppt Cospuden 90« mündeten. 1992 wurde der Tagebau endgültig eingestellt und die Rekultivierung begann mit der Böschungssicherung und der sukzessiven Flutung des Sees. Nach den Regionalkonferenzen wurden auch landschaftsplanerische und städtebauliche Maßnahmen verfolgt mit der Anlage von drei Schwerpunktbereichen: dem Landschaftspark Cospuden (Nordufer), dem Zöbigker Winkel (Ostufer) und der Bistumshöhe (Südwestufer). Diese anspruchsvolle Neugestaltung war mit der Teilnahme an der Weltausstellung Expo 2000 »Mensch, Natur und Technik – Eine neue Welt entsteht« in Hannover als externes Projekt verbunden und ist seither öffentlich zugänglich. Vom Eingang des **Landschaftsparks Cospuden** (Ziegeleiweg) im Norden führt eine Themenachse zum Waldsee Lauer und zum Tertiärwald, der mit Baumarten wie Sumpfzypressen, Kiefern und Laubbäumen angelegt wurde. Die Landschaftsgestaltung nimmt damit Bezug auf die Braunkohlebildung, deren Grundlage die artenreichen Wälder des Tertiärs waren. Das Nordufer des Sees ist mit Promenade, Steg und Sandstrand gestaltet. Der **Hafen Zöbigker** (Hafenstraße) im Osten wurde mit Hafenbauten, Promenade, Pier und Bootsanlegeplätzen als Wassersportzentrum konzipiert. Hier entstanden neue Wohngebiete, die bis dicht an den See reichen und das Gut und **Herrenhaus Zöbigker** (Dorfstraße 23) umgeben. Mit der Gestaltung der **Bistumshöhe** im Süden wurde auf der Kippe Zwenkau ein 35 Meter hoher **Aussichtsturm** als zeichenhafte Landmarke errichtet. Der Turm erinnert an einen der Industrieschornsteine, die früher das Bild der

Gegend bestimmten. Er ist aus feinen Holzlamellen und Stahlrohr konstruiert und bietet einen hervorragenden Blick über das Leipziger Neuseenland. Auf diesem Kippengelände entstand 2003 der **Freizeitpark Belantis** (Zur Weißen Mark 1) als größter Freizeitpark Mitteldeutschlands. Seine Themenbauten wie das Schloss Belantis und insbesondere die 38 Meter hohe Pyramide sind von den Ufern des Cospudener Sees aus zu sehen.

Die neuen Seen der Bergbaufolgelandschaften sind teilweise bereits über Kanäle verbunden und mit den Fließgewässern und Kanälen der Stadt Leipzig verknüpft. Der Ausbau des Gewässerverbundes mit durchgängigen Verbindungen bis zum 2014 angelegten **Stadthafen Leipzig** (III E3; Schreberstraße 20) fördert das Leipziger Neuseenland, die Wasserstadt Leipzig und neue Beziehungen zwischen der Stadt und den Kommunen im Landkreis Leipzig.

Ägyptisches Museum Georg Steindorff der Universität Leipzig (I G3; Goethestr. 2, Krochhochhaus): Die Sammlung wurde Mitte des 19. Jahrhunderts begründet und ist die bedeutendste Universitätssammlung ägyptischer Kultur in Deutschland. Sie gibt mit rund 7000 Fundstücken einen Überblick ägyptischer Hochkultur des Alten, Mittleren und Neuen Reichs bis zur Römischen Zeit. Eines der zentralen Ausstellungsobjekte ist der monumentale Zedernsarg des Hed-Bast-iru, der als erstes Stück bereits 1842 angekauft wurde. Mit der Namensgebung wird Georg Steindorff geehrt, der 1893–1934 die Professur für Ägyptologie innehatte und mit seinen Grabungen in Gizeh, Qau el-Kebir und Aniba die Sammlung im Wesentlichen aufbaute. Zugleich wird an das spätere Schicksal des hochbetagten Steindorff erinnert, der aufgrund seiner jüdischen Herkunft zur Emigration gezwungen war.

Antikenmuseum der Universität Leipzig (I G3; Nikolaikirchhof 2): Die Lehrsammlung der Klassischen Archäologie besteht seit 1836 und besitzt zwei große Abteilungen, die Original- und die Gipsabguss-Sammlung. Mit rund 450 Exponaten zur Kunst und Kultur der griechisch-römischen Antike von etwa 2000 v. Chr. bis 600 n. Chr. wird in der Alten Nikolaischule eine der größten Hochschulsammlungen von Altertümern des Mittelmeergebiets ausgestellt.

◆ **Bach-Museum** Leipzig (I F3; Thomaskirchhof 15/16): In den Räumen des von Johann Sebastian Bach regelmäßig besuchten Bosehauses zeigt das Museum eine Dauerausstellung zu Leben und Wirken eines der weltweit bedeutendsten Komponisten und Musiker. Das Haus ist seit 1985 Sitz des Bach-Archivs, das als Forschungs- und Dokumentationsstelle zu Leben und Werk des Musikers 1950 begründet worden war und von der Bundesregierung in das Blaubuch kultureller Leuchttürme in Ostdeutschland aufgenommen wurde. Es werden Einblicke in die Arbeit der Bach-Forschung gegeben und Originalexponate präsentiert wie ein Orgelspieltisch, an dem Bach einst gespielt hat und Fundstücke aus seinem vermutlichen Grab. Den Höhepunkt bildet die Schatzkammer, in der Handschriften Bachs ausgestellt sind. Als Teil einer interaktiven Ausstellung wird Bachs Musik in einem Hörkabinett vermittelt. Im historischen Sommersaal finden regelmäßig Kammermusikkonzerte statt sowie Fachtagungen und Vorträge. – S. auch Bosehaus (Stadtzentrum, S. 73).

Galerien in der Bauwollspinnerei: s. Baumwollspinnerei (Äußere Stadtteile, S. 177). ◆

Botanischer Garten der Universität Leipzig (V H5; Linnéstraße 1): Der Botanische Garten ist der älteste seiner Art in Deutschland, denn schon bald nach der Übernahme des säkularisierten Klosters St. Pauli durch die Universität wurde um 1580 ein Garten als Arzneipflanzengarten bewirtschaftet. Im Rahmen des Universitätsausbaus wurde er mehrfach verlegt, bis er 1876 seinen heutigen Standort erhielt. Seine ursprünglichen Gewächshäuser sind in ihren Grundzügen erhalten und bieten nach umfangreichen Sanierungen und Ergänzungen ausgezeichnete Forschungs- und Präsentationsbedingungen für die Sammlung mit rund 10 000 verschiedenen Pflanzen aus allen Erdteilen.

Deutsches Buch- und Schriftmuseum der Deutschen Nationalbibliothek (III H/I6; Deutscher Platz 1): Das Museum wurde bereits 1884 als Deutsches Buchgewerbe-Museum gegründet und ist seit 1950 eine Abteilung der Deutschen Bücherei. Im Neubau der Deutschen Nationalbibliothek wurde 2012 die Dauerausstellung mit dem Titel »Zeichen – Bücher – Netze: Von der Keilschrift zum Binärcode« neu eingerichtet und widmet sich der Kulturgeschichte von Medien und Zeichen. Im Zentrum stehen die drei Medieninnovationen: die Anfänge der Schrift, die Erfindung des Buchdrucks und die digitale Netzwelt. Es ◆

werden wertvolle Zeugnisse der Buch-, Schrift- und Papierkultur wie Drucke von der Inkunabelzeit bis zum 21. Jahrhundert präsentiert. In einem Ausblick wird die Reflexion der Medien in unserer Gesellschaft angeregt. Weiterhin gehören Sondersammlungen wie Exilliteratur 1933–45 und die Anne-Frank-Shoah-Bibliothek zum Bestand. Regelmäßig wechselnde thematische Ausstellungen ergänzen das Programm. – S. auch Deutsche Nationalbibliothek (Äußere Stadtteile, S. 155).

Deutsches Kleingärtnermuseum: s. Deutsches Kleingärtnermuseum (Stadtring und innere Stadtviertel, S. 135).

♦ **Forum 1813 am Völkerschlachtdenkmal** (V J7/8; Straße des 18. Oktober 100): Das FORUM 1813 ist Teil des Stadtgeschichtlichen Museums und befindet sich in den seitlichen Flachbauten des Völkerschlachtdenkmals. Hier werden die Ereignisse der Leipziger Völkerschlacht vom 16.–19. Oktober 1813 dargestellt, bei denen die verbündeten Armeen Russlands, Preußens, Österreichs und Schwedens das Heer von Napoleon zum Rückzug zwangen. Über 350 Originalobjekte vermitteln Einblick in die Völkerschlacht und ihren historischen Kontext, hierzu gehören persönliche Gegenstände aus dem Besitz Marschall Poniatowskis, Uniformen, Waffen und Ausrüstungsgegenstände, Bilder und persönliche Erinnerungsstücke sowie ein großes Diorama. – S. auch Völkerschlachtdenkmal (Äußere Stadtteile, S. 151).

♦ **Galerie für Zeitgenössische Kunst** Leipzig: s. Galerie für Zeitgenössische Kunst Leipzig (Stadtring und innere Stadtviertel, S. 128).

Edward-Grieg-Begegnungsstätte Leipzig: s. Musikverlag C. F. Peters (Stadtring und innere Stadtviertel, S. 117).

Kustodie, Kunstsammlung im Rektoratsgebäude der Universität Leipzig (I G3; Ritterstraße 26): Die Kustodie betreut und präsentiert den Kunstbesitz der Universität mit Gemälden, Grafiken, Plastiken und Kunsthandwerk vom 14. Jahrhundert bis zur Gegenwart. Aufgrund des engen Bezugs von Sammlung und Geschichte der »Alma Mater Lipsiensis« definiert die Kustodie ihr Gut als »vergegenständlichtes Gedächtnis«. Sie zeigt im Erdgeschoss des Rektoratsgebäudes die Dauerausstellung »600 Jahre Kunst der Universität Leipzig«, mit der die Reflexion zur Universität im Spannungsfeld von Tradition und Innovation gefördert werden soll.

Kustodie, Galerie im Neuen Augusteum der Universität Leipzig (I G4; Augustusplatz 10): Neben der Dauerausstellung nutzt die Kustodie seit 2012 die Galerie im Universitätsneubau für Wechselausstellungen zu Themen historischer und zeitgenössischer Kunst. In einzelnen Gebäuden des innerstädtischen Campus sind Plastiken, Fresken und Epitaphien als Dialog von historischer Kunst und moderner Architektur installiert, um die Zukunftsorientierung der Hochschule vor dem Hintergrund einer facettenreichen Vergangenheit zu veranschaulichen. – S. auch Universität Leipzig (Stadtzentrum, S. 62).

Kunstsammlung der Sparkasse Leipzig (I F4; Otto-Schill-Str. 4a): Die Kunstsammlung der Sparkasse Leipzig wurde seit 1993 aufgebaut mit dem Anspruch, das hohe bildkünstlerische Potenzial der Leipziger Region zu fördern und zu dokumentieren. Die Sammlung umfasst inzwischen 2500 Werke der Malerei, Grafik, Fotografie sowie bildhauerische Objekte aus dem Zeitraum 1946 bis zur Gegenwart.

Mendelssohn-Haus Leipzig (I G4; Goldschmidtstraße 12): Die Mendelssohn'sche Wohnung in dem klassizistischen Haus wurde 1997 als Museum gestaltet. Das Leben und Wirken des bedeutenden Komponisten und Gewandhauskapellmeisters Felix Mendelssohn Bartholdy, dessen bedeutungsvollste künstlerische Station Leipzig war, wird mit Brief- und Notenmaterial sowie mit Originalaquarellen veranschaulicht. Die Ausstellung beschäftigt sich mit Herkunft, Bildung und dem großen Freundeskreis Mendelssohns sowie der wechselvollen Rezeption des Musikers mit Würdigungen, wie der Ehrenbürgerschaft der Stadt Leipzig 1843, und dem traurigen Kapitel der Diffamierungen des Musikers jüdischer Herkunft, die in der nationalsozialistischen Zerstörung des Mendelssohn-Denkmals kumulierten (eine Rekonstruktion des Denkmals wurde 2008 in den Promenaden eingeweiht). 2017 erfolgte der Museumsausbau mit einer Ausstellung zur Pianistin und Komponistin Fanny Hensel, der eng mit Mendelssohn verbundenen Schwester. Zu Ehren von Kurt Masur, des Gewandhauskapellmeisters und Vorsitzenden der 1991 gegründeten Internationalen Mendelssohn-Stiftung e. V., wurde ein Internationales Kurt-Masur-Institut eingerichtet. Das Museum ist als »kultureller Gedächtnisort« in das Blaubuch der Bundesregierung eingetragen. – S. auch Mendelssohn-Haus (Stadtring und innere Stadtviertel, S. 115).

♦ **Museen im Grassi – Museum für Angewandte Kunst** (I H4; Johannisplatz 5–11): Das städtische Museum ist mit seiner Gründung 1874 das zweitälteste Kunstgewerbemuseum Deutschlands. Zusammen mit den Museen für Völkerkunde und Musikinstrumente wurde es durch die Bundesregierung als Verbund der Museen im Grassi in das Blaubuch kultureller Leuchttürme in Ostdeutschland aufgenommen. Die ständige Ausstellung ist unterteilt in die Abteilungen Antike bis Historismus, Asiatische Kunst und Jugendstil bis Gegenwart. Die Asiatische Kunst wird in den Vitrinen der Pfeilerhallen-Empore besonders präsentiert, so dass der Art-déco-Raum und die Asien-Abteilung einen besonderen Akzent setzen. Hervorzuheben sind auch die exklusiven Objekte des frühen 20. Jahrhunderts, dem Entstehungszeitraum des Grassimuseums. So werden ausgewählte Objekte des internationalen und deutschen Jugendstils, des Art déco, des Bauhauses und des Funktionalismus präsentiert, weiterhin gehören Exponate des ostdeutschen und internationalen Designs nach 1945 zur Ausstellung. An die Tradition der zwanziger Jahre anknüpfend, wird seit Ende der neunziger Jahre jeweils im Oktober eine Grassimesse für zeitgenössisches Design durchgeführt. Nach jahrzehntelangen Provisorien und Einschränkungen können seit der Sanierung 2007 die Vielfalt der renommierten Bürgersammlung wiederentdeckt und anspruchsvolle Sonderausstellungen gezeigt werden. – S. auch Museen im Grassi (Stadtring und innere Stadtviertel, S. 111).

Museen im Grassi – Museum für Musikinstrumente ♦ (I H4; Johannisplatz 5–11): Das zur Universität Leipzig gehörende Museum ist eine der größten Musikinstrumenten-Sammlungen Europas. Sie zeichnet sich durch den einmaligen Reichtum an klassischen Instrumenten wie Orgeln, Cembali und Clavichorden sowie Streich-, Zupf- und Blasinstrumenten aus. Die Ausstellung »Die Suche nach dem vollkommenen Klang« ist chronologisch geordnet und widmet sich in einzelnen Abteilungen den Epochen Renaissance, Barock und Romantik sowie Musikerpersönlichkeiten wie Johann Sebastian Bach und der hervorragenden Instrumentenbau-Tradition in Sachsen. – S. auch Museen im Grassi (Stadtring und innere Stadtviertel, S. 111).

Museen im Grassi – Museum für Völkerkunde zu ♦ Leipzig (I H4; Johannisplatz 5–11): Das 1869 von Leipziger Bürgern gegründete Museum ist mit etwa 200 000 Sammlungsobjekten eine der größten ethnographischen Sammlungen Deutschlands. 2009 wurde die Dauerausstellung »Rundgänge in einer Welt« eingerichtet, deren Exponate aus Afrika, Asien, Australien und Ozeanien seit Ende des 19. Jahrhunderts von privaten Sammlern zusammengetragen wurden. Mit dem Zukunftsprogramm »REINVENTING GRASSI.SKD« wird eine weitreichende Umgestaltung des Museums vorbereitet. Ausstellung und Programme werden unter den Aspekten Dekolonisierung, Restitution und Repatriierung in den kommenden Jahren kritisch reflektiert und erneuert. – S. auch Museen im Grassi (Stadtring und innere Stadtviertel, S. 111).

♦ **Museum der bildenden Künste** Leipzig (I G3; Katharinenstraße 10): Das 1848 gegründete Museum der bildenden Künste Leipzig zählt zu den ältesten Kunstmuseen und umfangreichsten Kunstsammlungen Deutschlands. Es konstituierte sich aus bürgerlichen Sammlungen des 19. Jahrhunderts, die im 20. und 21. Jahrhundert um Ankäufe und Schenkungen ergänzt wurden. Sein Bestand umfasst Gemälde, Plastiken, grafische Arbeiten sowie Fotografien aus 500 Jahren Kunstgeschichte. Unter den alten Meistern sind Gemälde von Lucas Cranach und Frans Hals vertreten; weitere Schwerpunkte bilden Romantiker wie Caspar David Friedrich sowie Impressionisten wie Max Liebermann und Lovis Corinth. Die Abteilungen der in Leipzig geborenen Künstler Max Klinger und Max Beckmann setzen besondere Akzente. Für den Zeitraum 1945–89 ist die Sammlung durch die Kunst der DDR, insbesondere die Leipziger Schule und Oppositionskünstler geprägt. In Sammlung und Wechselausstellungen wird das Programm um die Neue Leipziger Schule sowie zeitgenössische internationale Kunst ergänzt. Neben den Ausstellungen in Kabinetten werden wechselnde Installationen in den hohen Lichthöfen gezeigt. Das Museum wurde von der Bundesregierung in das Blaubuch kultureller Leuchttürme in Ostdeutschland aufgenommen. – S. auch Museum der bildenden Künste (Stadtzentrum, S. 86).

Museum für Druckkunst Leipzig (IV C5; Nonnenstr. 38): Das Museum für Druckkunst gibt Einblick in die Entwicklung der Schwarzen Kunst aus den vergangenen fünf Jahrhunderten. Es werden Satztechniken vom Handsatz bis zum heutigen Desktop-Publishing vermittelt sowie rund 100 funktionsfähige historische Druckpressen und -maschinen ausgestellt und zur Veranschaulichung der komplexen Druckproduktion für Texte, Bilder und Noten vorgeführt. Das Haus Nonnenstraße 38 im ehemaligen Industriequartier Plagwitz hat eine rund 100-jährige Tradition als Druckwerkstatt.

Museum in der »Runden Ecke« Leipzig (I F3; Dittrichring 24): Engagierte Bürger der Friedlichen Revolution besetzten 1989 die Räume der Bezirksverwaltung für Staatssicherheit und legten die Arbeit der Stasi-Zentrale lahm. Das Bürgerkomitee e. V. zeigte seit 1990 unverändert die Ausstellung »Stasi – Macht und Banalität«, bis 2019 Kritik an dem unzeitgemäßen Lern- und Bildungsort aufkam; inzwischen ist ein wissenschaftlicher Beirat zur Neukonzeption einberufen.

Museum Zum Arabischen Coffe Baum: s. Haus Zum Arabischen Coffe Baum (Stadtzentrum, S. 91).

Naturkundemuseum (I F3; Lortzingstr. 3): Das Naturkundemuseum wurde 1906 vom Leipziger Lehrerverein gegründet und ist Sammlungszentrum für Nordwestsachsen und die Leipziger Tieflandbucht. Zu den Zeugnissen naturhistorischer Entwicklung gehören Dioramen, die Flora und Fauna darstellen, sowie Präparate verschiedener Tierarten. Außerdem stehen die mit dem Braunkohlenbergbau veränderten Landschaften des Südraums Leipzig im Fokus. Aufgrund räumlicher Einschränkungen des Museumsbetriebs wird seit 2017 ein neuer Sitz diskutiert und in dem ehemaligen Bowlingtreff am Leuschner-Platz geplant.

Sächsisches Psychiatriemuseum (IV D4; Mainzer Str. 7): Das Museum beschäftigt sich mit der Psychiatriegeschichte in Sachsen als Teil der Kultur- und Sozialgeschichte. Die Dauerausstellung schildert Lebensgeschichten prominenter Patienten wie Johann Chistian Woyzeck, Daniel Paul Schreber und Lene Voigt. Historische Sachzeugen vermitteln Einblicke in die unterschiedlichen Behandlungsmethoden und Lebensbedingungen in den Heil- bzw. Haftanstalten; zudem wird ein Diskurs über die Psychiatrie gestern und heute geführt.

Schillerhaus Leipzig: s. Schillerhaus (Äußere Stadtteile, S. 184).

Schulmuseum Werkstatt für Schulgeschichte (I F3; Goerdelerring 20): Das Museum zeigt die Leipziger Schulgeschichte der letzten 100 Jahre zu Themen wie »Schule unterm Hakenkreuz«, »Schule im Widerstand«, »Fremde und Gleiche in der DDR-Schule« und seit 2021 »Umbrüche – Schule in Sachsen seit 1989/90« anhand von original eingerichteten Klassenzimmern sowie Unterrichtsmaterialien.

Schumann-Haus Leipzig: s. Schumann-Haus (Stadtring und innere Stadtviertel, S. 115).

Sportmuseum Leipzig (IV D2; Am Sportforum 10): Das Museum wurde 1977 in der Sportstadt Leipzig gegründet und zeigte seine Ausstellung bis 1991 im Hauptgebäude des Zentralstadions. Das heutige Sammlungs- und Dokumentationszentrum gehört zum Stadtgeschichtlichen Museum. Es versteht sich als regionales Museum mit nationaler Bedeutung aufgrund der herausragenden Rolle Leipzigs in der deutschen Turn- und Sportgeschichte. Die Sammlung besitzt Bestände zur deutschen Arbeitersportbewegung, zur Turnfestgeschichte ab 1863, zur Geschichte von Sportarten und Sportvereinen sowie zum DDR-Sport.

Stadtgeschichtliches Museum im Alten Rathaus: s. Altes Rathaus (Stadtzentrum, S. 55).

Stadtgeschichtliches Museum im Neubau (I G3; Böttchergäßchen 3): Im Museumsneubau werden wechselnde Themenausstellungen gezeigt, darüber hinaus befinden sich hier das Kindermuseum Lipsikus und die Sammlungen zur Stadtgeschichte. Sie umfassen Kunstwerke und Zeugnisse zur Vor- und Frühgeschichte, zur bildenden Kunst vom 14. Jahrhundert bis zur Gegenwart, zur materiellen Kultur, zur Musik- und Theatergeschichte, zur Geschichte des Buchwesens sowie zu Ereignissen der Völkerschlacht und der sozialen Bewegungen des 19. und 20. Jahrhunderts in Leipzig.

Tübke Stiftung (IV F1; Springerstraße 5): Im ehemaligen Atelier des Künstlers Werner Tübke werden rund 300 Arbeiten aus allen Schaffensperioden von 1936 bis

2003 gezeigt, von frühen Aquarellen des Siebenjährigen bis zum letzten unvollendeten Gemälde.

Zeitgeschichtliches Forum Leipzig (I G3; Grimmaische Str. 6): Die erweiterte Dauerausstellung »Unsere Geschichte. Diktatur und Demokratie nach 1945« widmet sich der Geschichte von Teilung und Einheit Deutschlands, Diktatur und Widerstand in der DDR, politischer Repression und Opposition sowie der Friedlichen Revolution. Erfolge und Probleme des Zusammenwachsens seit 1989 werden aus verschiedenen Perspektiven dargestellt.

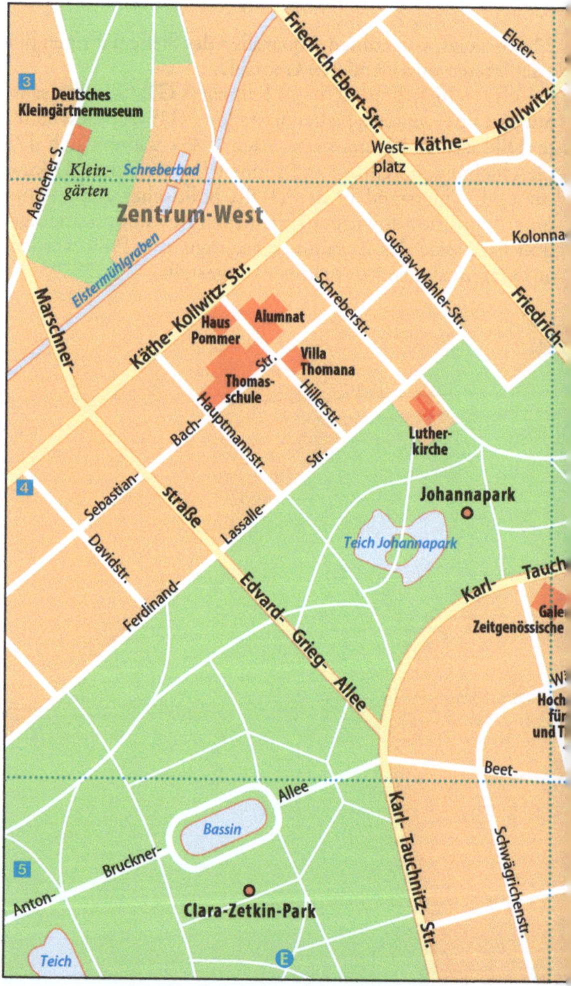
3
Deutsches Kleingärtnermuseum
Aachener S.
Klein-gärten
Schreberbad
Zentrum-West
Elstermühlgraben
Friedrich-Ebert-Str.
Elster-
Kollwitz-
West-platz
Käthe-
Kolonna
Gustav-Mahler-Str.
Friedrich-
Schreberstr.
Käthe-Kollwitz-Str.
Marschner-
Haus Pommer
Alumnat
Villa Thomana
Str.
Thomas-schule
Hillerstr.
Hauptmannstr.
Bach-
Str.
Lutherkirche
4
Sebastian-
straße
Lassalle-
Johannapark
Teich Johannapark
Davidstr.
Ferdinand-
Edvard-Grieg-Allee
Karl-
Tauch
Zeitgenössische
Beet-
Allee
Bassin
Bruckner-
5
Anton-
Clara-Zetkin-Park
Karl-Tauchnitz-Str.
Schwägrichenstr.
Teich

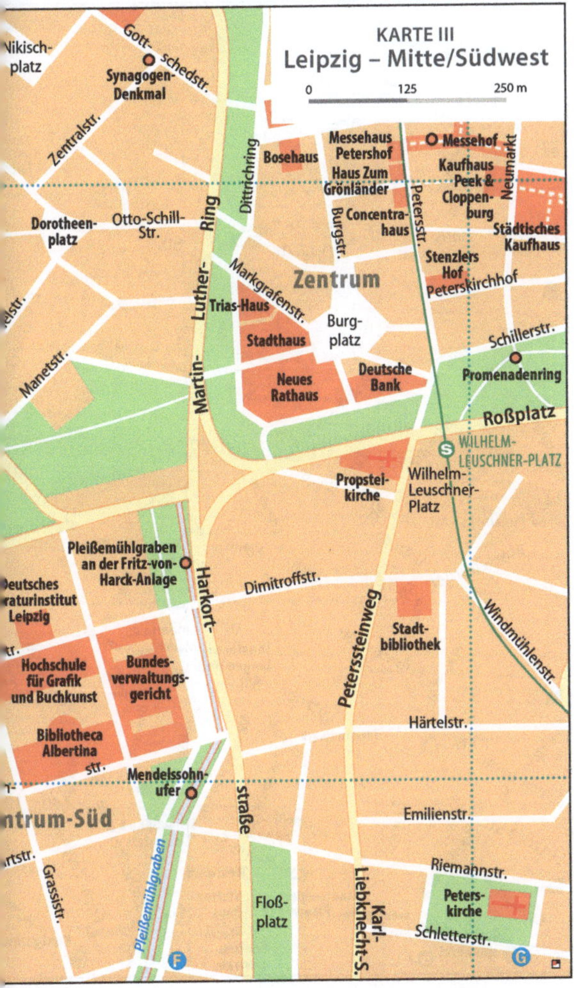

KARTE III
Leipzig – Mitte/Südwest
0
125
250 m
Nikisch-platz
Gott-schedstr.
Synagogen-Denkmal
Zentralstr.
Dittrichring
Bosehaus
Messehaus Petershof
Messehof
Neumarkt
Kaufhaus Peek & Cloppen-burg
Haus Zum Grönländer
Petersstr.
Dorotheen-platz
Otto-Schill-Str.
Ring
Burgstr.
Concentra-haus
Städtisches Kaufhaus
Markgrafenstr.
Zentrum
Stenzlers Hof
Peterskirchhof
Luther-
Trias-Haus
Burg-platz
Stadthaus
Schillerstr.
Manetstr.
Martin-
Neues Rathaus
Deutsche Bank
Promenadenring
Roßplatz
WILHELM-LEUSCHNER-PLATZ
Wilhelm-Leuschner-Platz
Propstei-kirche
Pleißemühlgraben an der Fritz-von-Harck-Anlage
Deutsches Literaturinstitut Leipzig
Harkort-
Dimitroffstr.
Peterssteinweg
Stadt-bibliothek
Windmühlenstr.
Hochschule für Grafik und Buchkunst
Bundes-verwaltungs-gericht
Härtelstr.
Bibliotheca Albertina
Mendelssohn-ufer
straße
Emilienstr.
Zentrum-Süd
Pleißemühlgraben
Grassistr.
Riemannstr.
Peters-kirche
Floß-platz
Karl-Liebknecht-S.
Schletterstr.
F
G

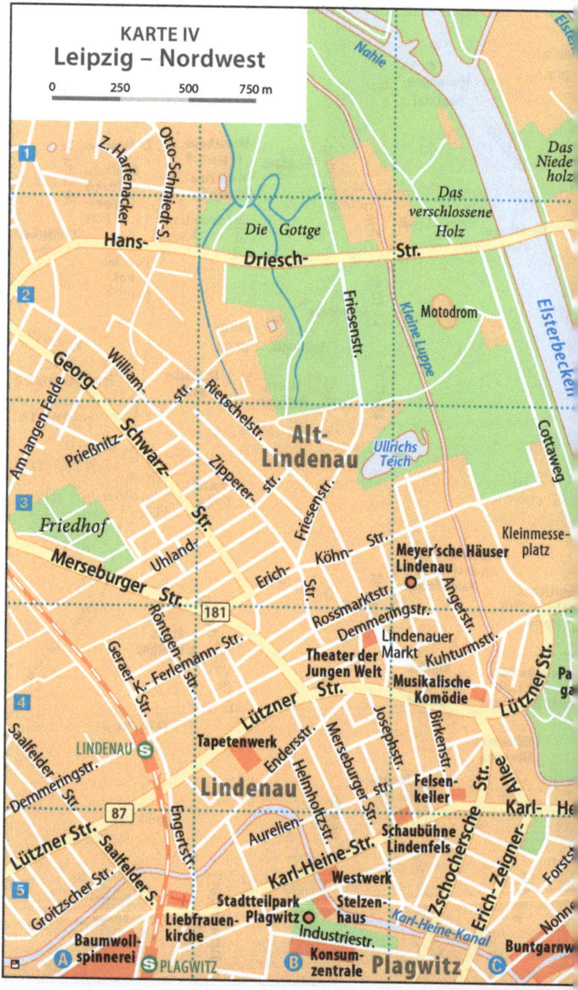
KARTE IV
Leipzig – Nordwest
0 250 500 750 m
Nahle
Das Niede holz
Das verschlossene Holz
Die Gottge
Z. Harfenäcker
Otto-Schmiedt-S.
Hans-Driesch-Str.
Friesenstr.
Kleine Luppe
Motodrom
Elsterbecken
Georg-Schwarz-Str.
William-Str.
Rietschelstr.
Am langen Felde
Prießnitz-
Alt-Lindenau
Ullrichs Teich
Cottaweg
Zipperer-str.
Friesenstr.
Friedhof
Uhland-
Merseburger Str.
Erich-Str.
Köhn-Str.
Meyer'sche Häuser Lindenau
Kleinmesse-platz
Angerstr.
181
Rossmarktstr.
Demmeringstr.
Röntgen-str.
Geraer Str.
K.-Ferlemann-Str.
Lindenauer Markt
Kuhturmstr.
Theater der Jungen Welt
Musikalische Komödie
Lützner Str.
Josephstr.
Birkenstr.
Tapetenwerk
Endersstr.
Helmholtzstr.
Merseburger Str.
LINDENAU
Saalfelder Str.
Demmeringstr.
Lindenau
Felsen-keller
Zschochersche Str.
Allee
Karl-Heine-Str.
87
Engertstr.
Aurelien-str.
Schaubühne Lindenfels
Erich-Zeigner-Allee
Saalfelder S.
Groitzscher Str.
Westwerk
Stadtteilpark Plagwitz
Stelzen-haus
Karl-Heine-Kanal
Liebfrauen-kirche
Industriestr.
Baumwoll-spinnerei
PLAGWITZ
Konsum-zentrale
Plagwitz
Buntgarnw
1
2
3
4
5
A
B
C

ssichtsturm Rosental
Schiller-haus
Poetenweg
Gohliser Schlösschen
Ehrensteinstr.
Springerstr.
Waldstr.
Leibnizweg
Kickerlingsberg
Gohliser Str.
Balzacstr.
Parthe
Gohlis-Süd
Rosental
Nord-platz
Eutritzscher Str.
zscher Allee
Zöllnerweg
Wald-str.
Zentrum-Nordwest
Zoologischer Garten
Pfaffendorfer Str.
Nordstr.
Goyastr.
Mücken-schlösschen
Kongress-halle
Max-Planck-Str.
Wohnhaus Hänsel
Christian-str.
Hotel The Westin Leipzig
Gerber-str.
Am Sportforum
Friedrich-Ebert-Str.
Feuerbachstr.
Wohnhaus Bastänier
Emil-Fuchs-Str.
Humboldtstr.
Ariowitsch-Haus
siehe KARTE I
Fregestr.
Tschaikowskistr.
Leibnizstr.
Hinrichsen-str.
Gustav-Adolf-Str.
Zentral-bücherei für Blinde
estwiese Glockenturm
Waldplatz
Jahnallee
87
allee
Käthe-Kollwitz-Straße
siehe KARTE III
Zentrum
Zentrum-West
ard-Wagner-Hain
Marschnerstraße
lsterwehr
Villa Meyer
Villa Gebhardt
Karl-Tauchnitz-Str.
Zentrum-Süd
Karl-Liebknecht Str.
Klingerweg
A.-Bruckner-Allee
Clara-Zetkin-Park
Hohe Str.
Max-Reger-Allee
Rennbahnweg
P.
Gruner-Str.
Die Nonne
Pestalozzistr.
D
E
F
G

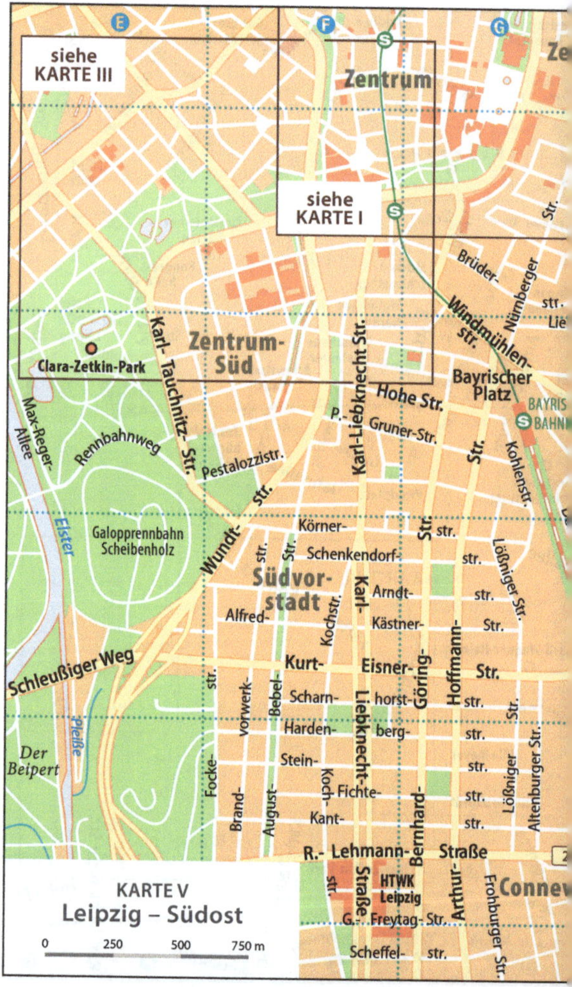

KARTE V
Leipzig – Südost

Reclam-Haus
Schumann-Haus
Inselstr.
Kreuzstr.
Klasingstr.
Bergstr.
Lilienstr.
Wurzner Str.
Bernhardstr.
H.-Eisler-Str.
Dresdner Straße
Grüne Gasse
G.-Fuchs-Str.
Alter Johannisfriedhof
Gerichtsweg
Frommannstr.
Crusius-str.
Feldstr.
Breite Str.
Stünzer Str.
Täubchenweg
Gelbke-str.
Th.-Neubauer-Str.
Gutenbergpl.
Lene-Voigt-Park
Reichpietschstr.
Zweinaundorfer Str.
Haus des Buches
Eilenburger Str.
Mölkauer Str.
Martinstr.
Prager Str.
Oststr.
Josephinenstr.
Reudnitz-Thonberg
Liebigstr.
Mühlstr.
Lipsiusstr.
K.-Günther-Str.
Johannisallee
Friedenspark
Bot. Garten
Linnéstr.
Karl-Siegismund-Str.
Riebeck-str.
Holsteinstr.
Hofer Str.
Stötteritzer Str.
Rosenthal-str.
Str. des 18. Oktober
Russische Kirche
Papiermühlstr.
Kregelstr.
STÖTTERITZ
Semmelweis-Str.
Deutsche Nationalbibliothek
Deutscher Platz
Perlickstr.
Güntzstr.
Schönbach-str.
Wasserturmstr.
Weisse-str.
Holzhäuser Str.
Markthalle
Sowjetischer Pavillon
"MM"-Signet
Halle 11
Str. des 18. Okt.
Hauptverwaltung Deutsche Bundesbank
Naunhofer Str.
Zwickauer Str.
Altes Messegelände
Betonhalle
VÖLKERSCHLACHT-DENKMAL
Ludolf-Colditz-Str.
Richard-Lehmann-Str.
An der Tabaksmühle
Völkerschlachtdenkmal
Südfriedhof
Marienbrunn
2
3
4
5
6
7
8

Nachweis der Karten und Abbildungen

Punctum Fotografie GmbH, Fotograf: © Punctum / Peter Franke: S. 16, 27, 56, 63, 112, 118, 131, 135, 152, 156, 180; Bertram Kober: S. 140, 178, 182; Hans-Christian Schink: S. 175, 187; Alexander Schmidt: S. 60, 83, 87, 110, 147, 165; Hans-Peter Szyszka: S. 95, 185; Wolfgang Zeyen: S. 161, 167

schulz & schulz Architekten: S. 99

Klaus Kühner, HüttenWerke: Karten in den Umschlagklappen, S. 40–43, S. 204–209

Der Verlag Philipp Reclam jun. dankt den Rechteinhabern für die Reproduktionsgenehmigung. Nicht nachgewiesene Abbildungen entstammen dem Archiv des Verlags.

Weiterführende Informationen

Literaturhinweise

Bartetzky, Arnold: Die gerettete Stadt. Architektur und Stadtentwicklung in Leipzig seit 1989. Erfolge, Risiken, Verluste. Leipzig 2015.

Dehio, Georg: Handbuch der deutschen Kunstdenkmäler. Sachsen II: Regierungsbezirke Leipzig und Chemnitz. Bearb. von Barbara Bechter, Wiebke Fastenrath, Heinz Magirius. Berlin/München 1998.

Fibich, Peter: Leipzig. Ein Begleiter zu neuer Landschaftsarchitektur. München 2008.

Flagge, Ingeborg / Hellmuth, Annette: Leipzig. Bauten 1989–1999. Basel 1999.

Freistaat Sachsen, Staatsministerium des Innern (Hrsg.): Hubert Ritter und die Baukunst der zwanziger Jahre in Leipzig. Dresden 1993.

Gormsen, Niels / Kühne, Armin: Leipzig – Stadt des Wandels. Leipzig 2014.

Guth, Peter / Sikora, Bernd: Jugendstil & Werkkunst: Architektur um 1900 in Leipzig. Leipzig 2005.

Hocquél, Wolfgang: Leipzig Architektur von der Romanik bis zur Gegenwart. Leipzig 2010.

Kaufmann, Christoph / Leonhardt, Peter / Müller, Anett: Plan! Leipzig, Architektur und Städtebau 1945–1976. Dresden 2018.

Knopf, Sabine: Buchstadt Leipzig. Berlin 2011.

Krieg, Stefan / Pientka, Bodo: Paul Möbius, Jugendstil in Leipzig. München 2007.

Leonhardt, Peter: Moderne in Leipzig: Architektur und Städtebau 1918 bis 1933. Leipzig 2007.

– Totalitär, Leipzig 1933–1945. Städtebau und Architektur im Nationalsozialismus. Leipzig 2008.

Lütke-Daldrup, Engelbert (Hrsg.): Pläne Projekte Bauten Leipzig: Architektur und Städtebau in Leipzig 2000 bis 2015. Berlin 2005.

Magirius, Heinrich / Mai, Hartmut / Trajkovits, Thomas: Die Bau- und Kunstdenkmäler von Sachsen. Stadt Leipzig: Die Sakralbauten. 2 Bde. Berlin/München 1995.

Marek, Michaela / Topfstedt, Thomas: Geschichte der Universität

Leipzig 1409–2009. Bd. 5: Geschichte der Leipziger Universitätsbauten im urbanen Kontext. Leipzig 2009.

Marg, Volkwin: Neue Messe Leipzig – New Trade Fair Leipzig. Von Gerkan, Marg und Partner 1992 – 1996. Basel/Boston/Berlin 1996.

Menting, Annette: Die architektonisch-städtebaulichen Entwicklungen in Leipzig seit 1989. In: Ulrich von Hehl (Hrsg.): Geschichte der Stadt Leipzig. Bd. IV. Vom Ersten Weltkrieg bis zur Gegenwart. Leipzig 2019. S. 891–915.

Mueller-Stahl, Karoline / Schultze, Bertram: SPINNEREI report 2009 – From cotton to culture. Leipzig 2009.

Nabert, Thomas (Hrsg.): Eine Wohnung für alle. Geschichte des kommunalen Wohnungsbaus in Leipzig 1900–2000. Leipzig 2000.

Pevsner, Nikolaus: Leipziger Barock: die Baukunst der Barockzeit in Leipzig. Dresden 1928. [Nachdr. 1990.]

Sächsisches Landesamt für Umwelt und Geologie (Hrsg.): Der Braunkohlenbergbau im Südraum Leipzig. Dresden 2004.

Thierbach, Cornelia: Leipziger Notenspur: Auf Notenspur, Notenbogen und Notenrad – Streifzüge durch die Musikstadt. Leipzig 2009.

Topfstedt, Thomas / Lehmann, Pit (Hrsg.): Der Leipziger Augustusplatz: Funktionen und Gestaltwandel eines Großstadtplatzes. Leipzig 1994.

Internetseiten

Links zur Stadt- und Kulturgeschichte sowie zu Museen und Ausstellungen:

www.leipzig.de
www.leipziginfo.de
www.leipzig-lexikon.de
www.sachsens-museen-entdecken.de
www.notenspur-leipzig.de

Links zu Veranstaltungen und Ereignissen:

kreuzer-leipzig.de
www.leipzig-im.de
www.leipzig.de/freizeit-kultur-und-tourismus/veranstaltungen-und-termine

Objektregister

Personenregister

Zur Autorin

ANNETTE MENTING (* 1965) lebt in Leipzig und ist seit 2000 Professorin für Architekturgeschichte und Baukultur. Sie studierte Architektur an der Universität der Künste Berlin und war in den Berliner Architekturbüros Hinrich Baller und Gerkan, Marg und Partner tätig. Nach ihrer Promotion zu Paul Baumgarten setzte sie ihre Forschung mit einem DFG-Habilitationsstipendium zum Werk von Max Taut fort. Seit 2016 leitet sie gemeinsam mit Barbara Büscher das transdisziplinäre DFG-Forschungsprojekt »Architektur und Raum für die Aufführungskünste«. Sie ist Mitglied im AKTLD, BDA, ICOMOS und in der Sächsischen Akademie der Künste. Ihre Forschungen und Publikationen von Monographien, Beiträgen in Sammelbänden und Fachzeitschriften widmen sich der Architektur der Moderne, Architekturkritik, Denkmalpflege, architekturbezogenen Kunst und jüngeren Stadtgeschichte Leipzigs.